野心

郭台銘伝

安田峰俊

プレジデント社

野心 目次

第4章 郭台銘の原点、貧困の時代

第5章 倒産寸前から急成長の謎

※ 本書では、台湾元、人民元、ドルの後ろのカッコに、その年のレートで換算した日本円を記載した。
※ 写真は、注釈がない限り、著者撮影。

はじめに——乗っ取られたシャープ

怖い。しかし目が離せない。

彼が姿を現した瞬間、会場にいた全員がそう感じたはずだ。

日本人記者団、台湾人記者団、銀行団にコンサルにアナリスト。そして会場準備をおこなっていたシャープの社員たち——。

2016年4月2日午後3時、日本語と中国語が交じり合った数百人のざわめきがピタリと静まり、全員の視線が一人の男に集中した。

鴻海科技集団《ホンハイクージージィトゥアン》総裁、テリー・ゴウ。中国名を郭台銘《かくたいめい》。

郭はみずからの傍に、買収契約の調印相手であるシャープ社長の髙橋興三と、鴻海の副総裁である腹心・戴正呉《たいせいご》（いずれも肩書は当時）を伴っていたが、場の中心は明らかにこの男だ。

パープルのネクタイにダークグレーのスーツ。65歳という年齢にもかかわらず、表情は豊かで身のこなしも敏捷だ。頬や肉体にほとんど贅肉がない。隣に並んだ髙橋は郭の4歳年下であり、背丈も同じくらいのはずだが、郭は髙橋よりもはるかに若々しくて巨大に見えた。

1日16時間働くと公言するハードワーカーである。毎朝の水泳が日課で粗食を好むという噂も、顔つきや体型を見る限りきっと本当だろう。もっとも、彼が年齢以上に若やいで見えるのは、8年前に24歳年下の夫人と再婚し、数え齢の還暦を越えてから子どもを3人ももうけたタフぶりも理由かもしれない。

ともかく、ビジネスでも家庭生活でも、枯れた様子は一切感じさせない人間だ。

この日の会場は、堺ディスプレイプロダクト（ＳＤＰ）の社内のホールだった。かつてシャープの業績が絶頂期にあった２００９年、世界最大規模かつ最新鋭の液晶パネルの生産基地として稼働を開始した工場だ。やがて膨大な在庫を積み重ね、同社の業績悪化の元凶となった。

やがて、資金繰りに悩んだシャープは２０１２年に鴻海と資本提携の話を進めた

2016年4月2日のシャープ買収会見にて。左から鴻海の戴正呉、郭台銘、シャープの髙橋興三
撮影：熊谷武二

が、このときの計画は頓挫し、両者に根強い不信感だけが残った。だが、交渉の決裂前に子会社のSDP（当時はシャープディスプレイプロダクト）にだけは鴻海の資本が入り、翌年に黒字化して息を吹き返した。

――鴻海は技術とブランドが欲しい。シャープはなによりカネが欲しい。

そんな両社の欲望と反目の歴史が詰まった場所で、郭台銘は髙橋興三と書類にサインした。鴻海側にシャープ株の66％の保有を認める株式引受契約、実質的にはシャープの身売り文書だ。

郭はこの日、足掛け4年にわたるシャープへの野望を、ついに成就させたのである。

「鴻海と戦略的提携を進めていくなかで、今後もシャープのブランドを維持し、世界中の顧客に向けて、引き続き新しい価値を提供し続けてまいります。また、従業員の雇用を原則として維持し――」

契約の成立後、髙橋興三のスピーチが始まった。淡々とした調子で、手元のメモをつまらなそうに読み上げ続ける。背後の巨大な液晶パネルには、中華民国（台湾）の青天《チンティエン》白日《バイリー》満地《マンディー》紅旗《ホンチィ》が大写しになっていた。

台湾は世界の多くの国から国家承認を受けておらず、彼らの国旗が日本国内で掲揚される例は極めて稀《まれ》だ。しかし、この日ばかりは普段のうっぷん晴らしであるかのように、徹底的に存在感を主張していた。日本人には馴染みの薄い中華圏の小国の国旗をバックに、うつむき加減で覇気のない言葉を紡ぐ髙橋の姿は、シャープが現在置かれた立場をなによりも雄弁に物語っていた。

一方、会場の雰囲気を一変させたのが、引き続いてはじまった郭台銘のスピーチである。壇上の彼は勝利の笑みを浮かべ、よく通る声で話し続けた。

「これは買収ではなく投資だ」

「私はシャープの100年超の歴史、技術革新のリーダーとして果たしてきた役割を尊敬する。創業者の早川徳次さんの技術革新、勤勉、高潔さは、今でもシャープの社員に息づいている。イノヴェイションのDNAがあるからこそ、私はシャープが大好きだ」

「こちらの８Ｋ のディスプレイは、65歳の私の顔も若者のように見せてくれる。シャープは世界でもＩＧＺＯ（液晶ディスプレイ技術）で先端を走っている」

ときにジョークまで交えて、台湾訛りの濁った英語でシャープへの称賛を繰り返す。後に台湾側の報道を確認すると、彼が会見の際に中国語を使わなかったのは、老舗企業の買収を受けた日本の世論やメディアに与える印象を考慮したためらしかった。

「Not!」と吐き捨てた

もっとも、郭台銘の姿はさながら山の天気を見るかのようだった。突き抜けるような青空がにわかに曇り、ときには烈《はげ》しいカミナリ雲が顔を出す。質疑応答の時間になり、まず米経済通信社の『ブルームバーグ』の記者が虎の尾を踏んだ。

「今回の契約では3888億円の出資という話になりましたが、今後の支払い段階でさらに減額することはあり得るのでしょうか?」

この質問の背景にあるのは、交渉の最終段階で鴻海が見せた「値切り」である。

2016年2月末、両社は一旦4890億円規模の出資案でまとまりかけたが、さまざまな要因を理由に鴻海側が土壇場でキャンセルした。最終的に、取得株式の比率は前案と同じ66%のままなのに、出資額だけは3888億円まで引き下げる形で契約を成立させた。

経営不振のシャープの株価は、時間が経つほど目減りする。ひとまず「契約」を結んでも、鴻海はさらに難癖をつけ、今後の支払いの段階で金額をさらに値切る気ではないか――。

つまり彼は「決めたことを守ってお金を払うのか?」と尋ねたのだ。社会的責任が大きい上場企業同士の契約が成立した直後に、こんな質問が出ること自体が異常である。

だが、もっと異常なのは郭台銘だった。

彼はなんと即答を避け、「重要なのは価格よりも価値」「質問の意味がよくわからない」と何度も質問を煙《けむ》に巻こうとしたのである。

記者が執拗に食い下がると、郭の口調は見る見るうちに荒っぽくなった。語尾に「You know?（わかっているのか？）」を盛んに挟むのは無自覚的な口癖だろうが、ドスの利いた声色も相まって、威圧的な印象を強く与えた。

やがて郭は記者がどうしても諦めないと察すると、相手に苛立った視線を向けて「Not！（金額を減らすことはない！）」と乱暴に吐き捨てた。

タフな質問だな

やがて私にも質問が許された。限られた時間で端的に尋ねなくてはならない。

報道によれば、近年のシャープの没落は経営陣が無益な権力闘争に明け暮れた「人災」の結果であるという。また、数年来にわたる希望退職者の続出で、有能な人材から会社を去ったとされている。事実、この日に私が会場内外で接した社員たち（20代の女性と40代後半以上と見られる男性ばかりだった）を観察すると、他の一流企業で見られる「冴えた」印象の人が極度に少ないように思えた。

——業績を挙げられない経営陣と、人件費と労働生産性が釣り合わない一部の社員。雇用の確保という人道的な問題はさて置き、冷徹な資本主義の論理にもとづいて判断すれば、きっと郭台銘の立場ならばこうした人々はシャープの社内に残ってほしくないと考えるはずだろう。

〝全世界の人類はみな同じであり、そこには人種の違いはない。ただ、頭脳がある人間とない人間、責任感がある人間とない人間の違いで分かれているのみだ〟

まず、私は質問の冒頭でそんな「名言」を引用することにした。鴻海の社内には『郭台銘語録』なる箴言《しんげん》集が存在し、こうした郭の言葉を従業員に叩き込んでいることを調べてあったからだ。

「『郭語録』の以上の言葉を踏まえたうえで伺います。今後のあなたは、シャープの従来の経営陣や従業員にどのように接していくつもりですか？」

鴻海に買収された会社で、郭から頭脳や責任感がないとみなされた人間はどんな運命をたどるのか？　そう尋ねた私の言葉に、会場内にいたシャープの社員や日本人の記者たちが一斉に顔を顰《しか》めたのがわかった。

一方、質問の内容が英訳されると、台湾人の記者団が陣取る方角から、「そうだよね」と言わんばかりの大きな笑い声が響いた。郭の苛烈な経営方針はもちろん、台湾ではシャープが没落した理由についてもよく知られているのだ。

やがて周囲の哄笑が静まると、郭はしばらく沈黙してから低く唸《うな》った。


「……タフな質問だな」


ギロリとこちらを睨む。一瞬で相手の器量を品定めする目つきだった。

やがて彼が述べた回答はやや肩透かしな内容だったので、引き続き「あなたはこれから従業員をどのくらい解雇なさるつもりですか？」と、言葉を中国語に切り替えて尋ね直した。

郭台銘から再び睨まれた。だが、今度は真面目に答えてくれた。

「日本（のシャープ）については、最善を尽くして、いまいる人々については全員に残ってもらえるようにしたいと考えている。若い人間の――。現在はたまたま、適切な職を与えられていない者については、もう一度チャンスを与えて、なるべく全員に残ってもらえるようにしたいと思っている」

それが彼の答えであった。

結果、翌日の日本国内の各紙は「シャープの雇用は原則維持」と書き立てた。シャープ買収にあたり、日本人の懸念が最も大きかった問題は、社外の多くの人にとっても他人事ではないと思えた雇用の確保に関することだったからだ。各紙の紙面を眺めると、ちょっと心配だけれどまずは一安心、といった調子の記事が多かった。

――しかし、郭台銘はまったく食えない男である。

この会見からわずか1カ月後、鴻海はさっそくシャープの人員整理をにおわせ、その対象人数は2000人、3000人と報道のたびに膨らんだ。6月にはついに全グループ従業員の6分の1にあたる7000人規模の人員削減の可能性が、鴻海の株主総会の場で正式に表明された。

ブルームバーグの記者がしつこく尋ねた出資金の支払いについても、当初は「6月中」と発表された支払いが8月12日までおこなわれない状態が続いた。中国に多くの工場を展開する鴻海が、同国国内での独占禁止法の法規対応に時間を取られたことが理由だったとはいえ、払込期限の10月5日が迫るなかで、日本のメディアやシャープ関係者をやきもきさせたのは事実だった。

底知れぬ男の正体

私が出会った郭台銘は、底の知れぬ男だった。
わずかに言葉を交わしただけで、何度も睨み付けられた。
「タフな質問」とちょっと褒められたが、回答の中身は事実上ハッタリだった。
怖い。だが、やはり目が離せない相手だった。

――現代のチンギス・ハン。
台湾において、郭台銘はそんなあだ名で呼ばれている。

やがて本書のなかで登場する、郭に子会社を買収された奇美《チィメイ》グループ創業者の許《きょ》文龍《ぶんりゅう》や、鴻海のかつての高級幹部だった戴豊樹《たいほうじゅ》（ベン・ダイ）ら、仕事上での郭をよく知っている人々が口を揃えて同じことを言っているので、この評価には間違いがないのだろう。

台北郊外のさして豊かでもない警官の家庭に生まれたこの男は、１９７４年に創業した小さな町工場を、超人的な働きぶりと大胆な経営判断を通じて世界的な巨大企業に育て上げた。人件費の安い中国大陸に大量の工場を展開し、もっぱらパソコンや携帯電話など電子製品の受託生産（第１章参照）をおこなうことで成功した。

２０１６年現在、彼が経営する鴻海グループは米経済誌『フォーチュン』のグローバル企業ランキングで世界第25位に入っている（同ランキングで鴻海を上回る日本企業は、第8位のトヨタのみだ）。同年の従業員数は１０６万人であり、アメリカのウォルマート、中国の中国石油に次ぐ世界第3位だった。

また、鴻海の株式の12・62％を保有する郭自身も、凄まじいまでの大富豪だ。２０１６年8月9日現在、彼は米経済誌『フォーブス』が発表するリアルタイムの世界長者番付で２０５位、保有資産は67億ドル（約６８５０億円）に達している。

現時点では台湾でナンバーワンの数字だ。

一方、郭台銘と鴻海は、社会的批判の多さでも有名である。郭は「独裁為公《ドゥツァイウェイゴン》（公《おおやけ》の為に独裁す）」を公言し、100万人以上の鴻海グループの従業員たちを専制的に統治している。社風は「軍隊式管理」と呼ばれるほど厳格で、前出の『郭台銘語録』の学習のように、郭をあからさまに礼賛する個人崇拝的な風潮すらも容認している。

現場のワーカーや一般社員の給与自体はまずまずよいものの、厳しいノルマと膨大な仕事量をこなすことを余儀なくされるため、職場のストレスは高いとされる。また、支社長クラスの高級幹部にも年間売上高や純利益の毎年30％増という非常に高い達成目標を課すことから、プレッシャーを覚えた幹部たちが「家族との時間を持ちたい」といった理由で辞めていった例が過去に数多く見られた。

2010年上半期には、鴻海グループの中国深圳《シェンヂェン》の工場で20歳前後の若いワーカー13人が連続して自殺（うち3人は未遂）している（第2章参照）。世界的な人気ITガジェットであるアップルのiPhoneシリーズを受託生産する工場での悲惨な事件は、日本でも大きく報じられるほどのスキャンダルとなった。

シャープとの関係においても、2012年の最初の出資提携交渉や2016年の買収劇では、郭が見せた変幻自在の交渉術があまりにもえげつなく見えたことで、日本の国内世論に反感が広がった。

ときに狡猾過ぎる姦計《かんけい》や残酷な振る舞いをものともせず、勤勉な自分自身と同じくらい部下を徹底的に酷使して勢力の拡大に邁進する、大帝国の建設者。――始皇帝《しこうてい》、曹操《そうそう》、織田信長、そしてチンギス・ハン。

郭の足跡からは、そんな東アジア史上の覇王や征服者たちに通じるにおいが確かに漂う。


だが、私たちはそんな郭台銘について、驚くほど情報を持っていない。

日本の隣国にもかかわらず、中国や韓国と比較して関連報道が圧倒的に乏しい台湾の人であるだけに、これまで日本語のメディアで取り上げられた郭の姿はかなり断片的なものだ。

2016年8月までに国内で刊行された郭に関する書籍が、『郭台銘＝テリー・

ゴウの熱中経営塾』（ビジネス社）と『鴻海帝国の深層』（翔泳社）という2冊の翻訳書しかない点を見ても、情報の不足は明らかだろう。シャープ買収に伴う混乱のせいか、一部の報道やインターネット上の書き込みでは彼について偏った情報が独り歩きし、いっそう正体がよくわからなくなっている傾向もある。

しかし、私たちが正体をつかみかねている間に、恐るべき覇王は日本のビジネス界の固い扉を強引にこじ開け、騎馬民族さながらに一気呵成《いっきかせい》で侵入してきた。

——この男は果たして何者か？

——そして、いかなる未来を目指しているのか？

私は本書で、台湾での現地取材や現地メディアの報道、中華圏出身の識者の見解を踏まえながら、〝シャープを買った男〟郭台銘の人物像に迫っていくことにした。

覇王の素顔は、いったいどんなものなのか。

それではページをめくってみてほしい。

第1章　シャープ買収にこだわった鴻海の懐事情

狙われた「台湾で最も幸福な会社」

庭園の入り口でタクシーを降りてから、目指す建物までゆうに数百メートルは歩いた。

芝生と人工林を抜けて「アポロの泉」と名付けられた瀟洒《しょうしゃ》な噴水の前を通り過ぎると、オリンポスの神々の彫像を左右に据えたブリッジに出る。その向こうに鎮座するのが、ヴァチカンのサン・ピエトロ大聖堂を思わせる巨大なドームとコロネードを持つ洋風建築だ。

全身を包む湿っぽい熱気と陰鬱な梅雨空さえなければ、誰もここが台湾だとは思わないだろう。建築物や彫刻は、キッチュな悪趣味さとは無縁で、それがあるべくしてここにあるという落ち着きを感じさせた。

――奇美博物館《チィメイボォウーグアン》。

台湾国内で有数の財閥として知られる奇美グループの創業者・許文龍《きょぶんりゅう》が台南《タイナン》市の郊外に建てた、欧風庭園付きの広大な博物館だ。ロダンをはじめとした彫刻、中世

奇美博物館

奇美博物館で展示されている西洋絵画

や近代の西洋絵画、古今東西の兵器や動物の剝製、ストラディヴァリウスに代表されるヴァイオリンコレクションなど1万点以上の文物を収蔵した巨大施設である。
ただし、参観費はわずか200台湾元（約650円　2016年8月9日時点）。しかも市内の学生や身障者には無料で開放している。

「私が幼かった日本統治時代、市内に小さな博物館がありましてね。入館料を取らなかったものですから、一日に何度も見に行きました。将来、いつか自分が力を持ったら、そんな博物館をひとつ造ってみたいというのが、私の昔からの夢だったのですよ。

許文龍

タダに近い値段で、市民のみんなによいものを見せてあげたいというね」

日本の経済誌『プレジデント』の取材で訪れた私を、博物館内の応接室で迎えた許文龍は、開口一番にそう語った。1928年に日本統治下の台南市で生まれた彼は、かつて漫画家の小林よしのりの『新・ゴーマニズム宣言SPECIAL　台湾論』（小学館）にも登場した親日家としても知られる。もちろん、日本人の老人とまったく変わらないネイティヴの日本語を話す。

「カネそのものに大した価値はないんですよ。仕事をして稼いだカネを、なにかに変えるということが重要なんです」

金銭への執着が薄く、釣りやヴァイオリン演奏を趣味とする風流人だ。慈善事業への多額の寄付や、市民向けの病院や博物館の建設といった社会貢献や文化事業に熱心で、台南の街ではなかば生神様に近い尊敬を受けている。

そんな許が創業した奇美実業は、かつて台湾経済の高度成長期にアクリル樹脂生産を中心とした石油化学工業で成功し、エレクトロニクスや貿易・食品など多分野に進出する大グループを形成するようになった。

1997年に設立した子会社の奇美電子（チーメイ・オプトエレクトロニクス）

は、一時は世界第4位の液晶パネルメーカーに名を連ね、当時のシャープやサムスンと技術の最先端を競い合うハイテク企業に成長した。

その一方で、「会社全体がひとつの大家庭」という往年の日本企業のような企業観を持っていた許は、台湾で最初に完全週休二日制を認め、終身雇用制の徹底と残業の禁止を打ち出した。社員に無利息でお金を貸し付けることすらある。ゆえに、奇美グループはいつしか「台湾で最も幸福な会社」と呼ばれるようになった。2004年に許は実務から退いたが、彼の薫陶はいまだにグループのなかに深く根を下ろしている。

「うまい話」の洪水

だが、有徳の実業家・許文龍は、老境に入ってから大きな挫折を味わった。

2009年、郭台銘《かくたいめい》が鴻海《ホンハイ》グループ傘下の液晶メーカーである群創光電《チュンチュアングアンディエン》（イノラックス）と、奇美電子との対等合併を提案してきたのである。台湾財界における「世紀の大合併」の結果、世界シェアの18％を占め、従来台湾のナンバーワンだった友達光電《ヨウダァグァンディエン》（ＡＵＯ）を追い抜く巨大液晶メーカーの誕生が期待された。

存続会社名は「奇美電子」（チーメイ・イノラックス）とされた。持ち株比率は許の個人出資を含めれば奇美側が約20％で、同じく郭の個人出資を含めた鴻海側が約15％と、「対等」というよりも奇美に有利な条件での成約だ。

当時、郭は奇美電子の技術力を高く評価していた。それゆえの好条件だったと見られている。２０１６年１月、彼がシャープ買収交渉で見せたのと同じ、「うまい話」の洪水だった。

「しかし、郭さんはうちの技術は見てくれていたけれど、人間味のある部分はあまり見ておられなかったのかもしれませんね。

われわれは一旦会社に入れた社員は、『使えない』からといって干したりはしない。ところが鴻海は、人の出入りが非常に頻繁です。給料が高ければ入り、安ければ逃げるという感じですから」

郭は一日に16時間働くと公言し、高給と引き換えにして幹部たちを休日返上で働かせるモーレツ型の経営者だ。一方で許は、実務を退く前から「一日に集中して働ける時間は5時間」が持論だった。オフィスにも週に2回ほどしか顔を出さず、ほかの日は趣味の釣りや絵画に打ち込むような、ゆるやかな姿勢で会社の手綱《たづな》を握ってきた。

創業者の個性は社風に反映される。ワークライフバランスの価値観ひとつを取っても、奇美と鴻海は完全に水と油だった。

「実際、鴻海といざ一緒に事業を始めてみると、体質が全然合わなかったのですよ。1プラス1で2になると思っていたら、合計で1・8にしかならなかった」

台湾国内の報道によれば、企業文化の違いによる両社の経営陣や従業員同士の反目は間もなく表面化したという。

合併後の奇美電子の業績も不振が続き、11四半期連続で赤字を計上した。結果、2012年6月についに奇美側は役員を引き揚げ、会社の経営権を鴻海に完全に譲り渡す形となった。

間もなく、郭は奇美電子の社名を、元の自社グループ企業の社名である「群創光電（イノラックス）」に戻させた。傍目から見れば、奇美グループの技術力を代表する最も重要な子会社を、鴻海に乗っ取られたような形となった。

奇美電子の技術を欲しがった合併交渉の段階では、郭は許を篭絡《ろうらく》するために一緒に釣りに行く約束まで結んだそうだが、許によれば「結局、釣りに行く機会はなかった」という。奇美グループご自慢の博物館に、郭が足を向けることもなかった。

たとえ相手が台湾有数の慈善事業家であろうと、望ましい結果を出せない相手に対して、「無駄」な時間を使わないのが郭のスタイルなのだ。

シャープの未来を暗示

「郭台銘さんは、ありゃあ、すごい人なんですよ。本当に――」

そう話す許文龍の意気が上がらないのは、88歳の老齢だけが理由ではなかったはずだ。取材後の話になるが、前述の取材内容について鴻海側に事実確認のメールをした途端に、奇美は泡を食ったように『プレジデント』編集部に対して記事の公表差し止めを求めてきた。最終的に記事は掲載されたが、それまで取材に非常に協力的だった奇美の突然の豹変は、彼らが鴻海を恐れ、その顔色をうかがうことに汲々としている様子を強く感じさせた。

取材のなかで許自身は否定したものの、会社が完全に鴻海の傘下になった後、従来の奇美電子の少なからぬ従業員が会社を離れていったという話も伝わっている。
許文龍は私の取材中、郭台銘や鴻海について厳しい批判は口にしていない。だが、許がいかなる目で彼らを見ているのかは、彼の著書『零与無限大《リンユィウゥシエンダー》　許文《シュイウエン》龍幸福学《ロンシンフゥシュエ》（ゼロと無限大　許文龍の幸福学）』の記述から間接的に察することができる。同書が刊行されたのは２０１０年12月であり、ちょうど奇美電子の社内で奇美と鴻海の対立が表面化していたとされる時期だ。同書にはこうある。

〝商売ができる人間は、トラのように人を恐れさせるのではなく、人に殺されるブタのようであれ〟

一般的に言って、台湾人はこの文脈で用いられる「トラ」という言葉から郭台銘を連想する。冷徹なワンマン経営者である郭のあだ名は「現代のチンギス・ハン」。その性格は「覇気《バーチー》」という言葉で畏怖を交えて語られがちだ。２００５年には、郭（＝トラ）の人生観や鴻海（＝キツネ）の経営方針を肯定的に論じた書籍『虎与狐《フゥユィグー》（トラとキツネ）』（張殿文《ちょうでんぶん》著）が刊行され、ベストセラーにもなっている。

許文龍の著書を再び紐解こう。

〝カネは稼げるならば稼げばいいが、儲けるために悪魔にはなるな〟

〝技術は買わずに済むならば買うべからず〟（＝自前の開発を重視せよ）

〝事業とは、わが人生３６０度における90度を占めるものに過ぎない〟

文中からは、郭台銘や鴻海への批判を連想させる言葉がいくつも見つかる。売上高と利益率の拡大のために社員に厳しいノルマを課し、一時期は中国工場でワーカーの自殺（未遂）事件や暴動すらも頻発した鴻海の社風。技術力の吸収を求めて買収を繰り返し、買収先の従来の社風を鴻海色に染めていく経営方針。人生の１００％を仕事に投入する、郭と鴻海の幹部たち――。

中華文化圏の伝統的なことわざに「指桑罵槐《しそうばかい》」という言葉がある。桑の木を指しながら、まったく似ても似つかない槐《えんじゅ》の木を罵《ののし》る。つまり、直接的な表現を用いた批判が憚《はばか》られる対象について、別の表現を使って話をすることで真の意味を連想させる話法のことだ。

博物館の執務室に座る老賢者・許文龍の著書のセンテンスは、そんな言葉を思い起こさせるに十分だった。


ただし、私が台北市内で会った現地のメディア関係者は、許文龍についてこんな人物評を述べてもいる。

「許文龍は確かに立派な人格者ですが、会社を売る羽目になった。常に勝ち続けて結果を出す人間が評価される世界ですから、現在の台湾では許文龍よりも郭台銘のほうが『尊敬できる企業家』だと見なされているんですよ」

事実、奇美電子あらため群創光電の業績は、鴻海の厳格な管理下に置かれたことで復活を遂げ、経営権が移行した翌年の2013年には黒字化した。大量の人材が去り、「台湾で最も幸福な会社」の個性が失われた結果、カネを稼ぐ機能だけは回復したのだ。それは合理主義的で冷徹な郭の経営哲学に、人間味のある許の哲学が名実ともに敗北したことを意味していた。

――そんな奇美電子の過去は、現在進行中のシャープの変化の雛型にも見える。

「今回の件は買収ではなく投資だ。両社はこの提携を通して、お互いの強みを活用して業務を進めていきたい」

今年4月、シャープへの出資契約に調印した郭台銘はそう嘯《うそぶ》き、奇美電子との提携時と同じように「対等」な関係を強調した。だが、その後のシャープ社内に吹き荒れることになったリストラの嵐や経営環境の変化もまた、やはり言うまでもない。

「……ちょっと（自社のケースと）似ていますねえ」

取材の最後、私がシャープ問題への感想を尋ねると、許文龍は一言だけそうつぶやいた。

買収ラッシュの超巨大企業・鴻海

近年、鴻海は奇美電子を呑み込み、そしてシャープを呑み込んだ。2016年にはほかにも、携帯電話大手ノキアのフィーチャーフォン事業を3億5000万ドル（当時のレートで約380億円）で買い取るなど、旺盛な買収戦略を展開している。

――そんな鴻海は、そもそもどんな会社なのだろうか？

創業者の郭台銘の生い立ちや、鴻海の創業以来の経緯については後の章に譲るとして、まずは現在の彼らがいかなる業務に携わる企業で、いかなる経営判断ゆえにシャープをはじめとした買収ラッシュに踏み切っているのかを見ていくことにしよう。

この会社は、台湾に本社を置く「鴻海」という創業以来の企業名よりも、中国をはじめとした国際市場向けのグループ名称である「フォックスコン（富士康《フーシーカン》）」のほうが、製造業界の内部では通りがいい。

いずれにせよ、大手メーカーの電子製品の製造過程を請け負う受託生産（後述）という、裏方的なビジネスをメインにしていることから、「鴻海」も「フォックスコン」も、日本の一般の消費者の間ではほとんど知られていない社名だ。

だが一方、中国のブルーワーカー層の間で、フォックスコンの名は20年近く前か

中国全土の30カ所以上に広がる鴻海の工場（主要なもののみ紹介）

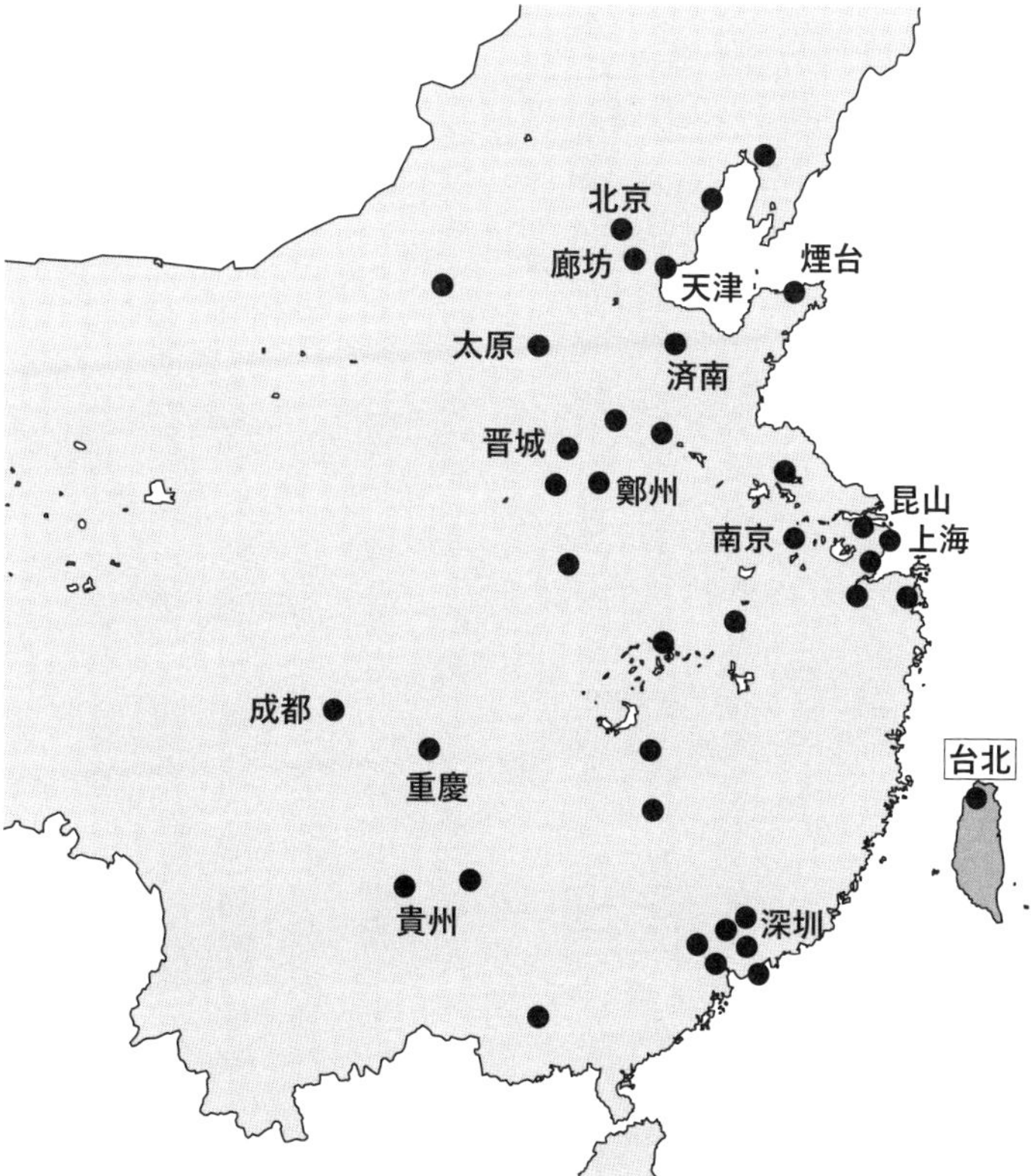

出所：各種報道に基づき編集部作成

ら「就職先」の候補としてならばよく知られる存在でもあった。

現在、フォックスコン系列の大工場群は中国全土の約30カ所に分布している。主なところでは広東省の珠江《しゅこう》デルタ（深圳《シェンジェン》・東莞《ドングアン》・仏山《フォオシャン》・中山《ジョンシャン》など）、上海近郊の長江デルタ（昆山《クンシャン》・杭州《ハンジョウ》・寧波《ニンボー》・南京など）、華北の環渤海《ぼっかい》湾地域（北京・天津・秦《チン》皇島《ホアンダオ》・煙台《イエンタイ》・瀋陽《シェンヤン》など）といった沿海部や、内陸の主要工業都市（重慶・成都《チェンドゥ》・南寧《ナンニン》・武漢《ウゥハン》・鄭州《ヂェンヂョウ》・太原《タイユエン》・晋城《ジンチェン》）などが挙げられ、「世界の工場」である中国の製造業のホットスポットをほぼ漏れなく網羅している形だ。

ほかにも鴻海は本社所在地の台湾や、研究開発拠点のアメリカをはじめ、ベトナムやインドネシア・メキシコ・ブラジル・チェコなど各国に製造工場を持っている。だが、グループ全体で１００万人を超える従業員の大部分は中国大陸で勤務しているため、名実ともに中国に根を下ろした会社、というイメージが強い。

ちなみに台湾の本拠地は台北郊外にある新北《シンベイ》市土城《トウチェン》区で、中国での事実上の本拠地は広東省深圳市郊外の龍華《ロンホア》工場に置かれている。

今後は彼らの会社について、グループ全体や台湾国内でのビジネスの主体は「鴻海」、中国大陸の現地法人や現場工場は「フォックスコン」と呼んで区別することにしよう。

一方、鴻海は徹底した秘密主義をとるメディア泣かせの企業としても知られる。その一因ともなっているのが、ややこしい社名と極度に複雑な子会社関係だ。企業の公式ホームページが驚くほどシンプルで情報量が少ないこともあり、外部の者のみならず、幹部社員ですらもグループの全容や相互の資本関係をつかむことが困難だと言われている。

まず、グループの持ち株会社は鴻海科技集団《ホンハイクージージィトゥアン》もしくは富士康科技集団《フーシーカンクージージィトゥアン》（ホンハイ／フォックスコン・テクノロジー）だが、台湾と中国で名称を使い分けていてややこしい。

グループの主要な傘下企業も、中核となる鴻海精密工業《ホンハイジンミーゴンイエ》（ホンハイ・プリシジョン・インダストリー）のほか、鴻準精密工業《ホンヂュンジンミーゴンイエ》（フォックスコン・テクノロジー＆サービス）、鴻騰精密《ホンタンジンミー》（フォックスコンインターコネクト・テクノロジー）、富智康集団《フーヂーカンジィトゥアン》（ＦＩＨモバイル、元の名称は富士康国際控股《フーシーカングォジーコングゥ》（フォックスコン・インターナショナル））、など紛らわしい名前が多く、漢字社名と英語社名との対応にも規則性がない。加えて、「富士康精密組件《フーシーカンジンミーズゥジエン》」「富鈺精密組件《フーユィジンミーズゥジエン》」など「フォックスコン」の名を冠する孫会社が中国各地の拠点に存在している。

ほかにも、液晶パネルを製造する群創光電（イノラックス　※奇美電子を吸収した企業）、ネットショップのサイバーマートや飛虎楽購《フェイフゥラーゴウ》、かつてのシャープ堺工場である堺ディスプレイプロダクト（ＳＤＰ）などのほか、名称だけでは鴻海の関連企業だとはわかりづらい無数の中小規模の企業がグループの傘下に入っている。

２０１６年8月からは、日本のシャープ本社やその傘下企業も、彼らのグループの一角に名を連ねることとなった。

鴻海の驚異の成長

全容が見えづらい存在とはいえ、鴻海の業績は極めて好調だ。郭台銘が１９７４年にわずか資本金30万台湾元（当時のレートで約２３０万円）で創業した町工場は、最初期の迷走を除けばほぼ一貫して驚異的な速度で拡大を続けてきた。１９８０年代後半から中国大陸に進出し、安価な労働力を用いたパソコンや携帯電話の製造によって、電子製品の製造分野での巨大企業へとのし上がっている。２００１年からは台湾最大の民営メーカーになり、２００２年以降は中国大陸域内の企業別輸出額のナンバーワンを占めるようになった。２００７年まで、売上高の伸びは年率ほぼ30％以上をキープし続けた。現在でもほぼ10％台を上回っている。

　浮き沈みの激しい電子製品業界で、30年間ひたすら成長と拡大を続けてきた鴻海は「奇跡」の企業と言ってもいいほどだ。

年10%を超える驚異の成長率

鴻海の売上高成長率

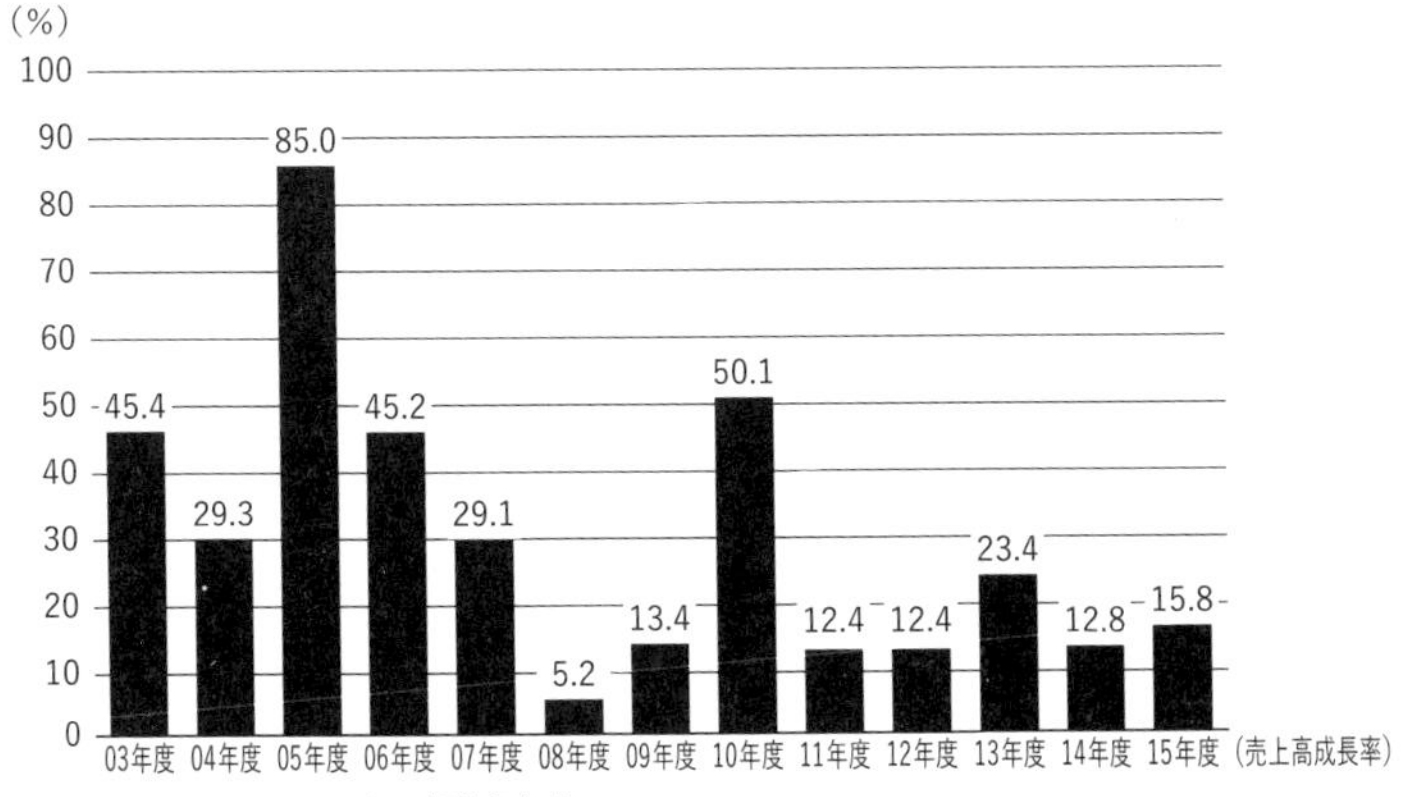

出所：SPEEDAホームページより編集部作成

「私は松下幸之助氏や盛田昭夫氏を尊敬している」

シャープ買収の前後、郭台銘は日本人に向けてそんなリップサービスをしばしば口にした。

だが2016年6月時点で、鴻海の時価総額は日本円換算で約4・3兆円に達し、ソニー(約3・8兆円)やパナソニック(約2・3兆円)を軽く上回る。ちなみにシャープの時価総額は6000億円程度だ。

また、2015年の鴻海の連結売上高は過去最高の4・48兆台湾元(約16・9兆円)を叩き出し、やはりソニーやパナソニックにダブルスコアに近い差をつけた。同年、すべての日本企業のなかで鴻海の売上高を超えられたのは、トヨタ自動車(28・4兆円)だけだった。あとは本田技研工業(14・6兆円)や日本郵政(14・2兆円)が、為替レート次第で鴻海を上回る可能性がある程度である。

「無名」の台湾企業が、日本の名だたる大企業を凌ぐカネを稼いでいることには改めて驚きを禁じ得ないだろう。

シャープの買収に苛立ちの声を上げる日本の国内世論のなかには、日本企業が本質的に台湾企業よりも格上だと考えるような驕りの感情も見え隠れしている。だが、数字をちょっと眺めただけでも、鴻海がシャープを会社丸ごと買収できる実力の持ち主であることは、誰の目にも納得できるはずである。

黒子に徹するビジネスモデル

続いて、鴻海の成長を支えた電子製品の受託生産についても説明しておこう。

これは簡単に言えば、自前のブランドを持たずに他社からの発注を受け、自社工場において他社ブランドの製品を代わりに生産するビジネスだ。

もともとアパレルや靴などの製造業界で一般的だった方式を、電子製品の製造に応用したものである。その起源は1980年代のアメリカにあり、従来の電子機器メーカーから飛び出した起業家精神のあるエンジニア集団が、経営難の工場を買い取って他社製品の組み立てのアウトソーシングを引き受けたことから始まったとされる。

ただし、この受託生産ビジネスは人件費の高いアメリカでは十分なパフォーマンスを発揮できず、間もなく技術レベルの高さに比して労働力が安価な台湾企業のお家芸となった（ちなみに当時の中国はまだ貧しくて市場開放も進んでおらず、こうした産業を担う企業を立ち上げる実力はなかった）。

現在もなお受託生産企業の大手には、鴻海をはじめ、シンガポールのフレクトロニクス、台湾の広達《グアンダァ》（クアンタ）や和碩《ホォシュオ》（ペガトロン）、仁宝電脳《レンバオディエンナオ》（コンパル）などアジア系の企業が多い。中国が改革開放政策を採用して、極めて安価で大量の労働力を動員することが可能になった１９９０年代以降、これらの会社は次々と中国国内で大規模生産をおこなう工場を設けて拡大していった。

一方、受託生産というビジネスについては「下請け」「組み立て屋」といった冷ややかな陰口が叩かれるケースもある。

――だが、こうした物言いは必ずしも的を射たものではない。

鴻海のような大手の受託生産企業が担っているのは、単に他社製品の部品を自社の工場で組み立てるだけの単純作業ではなく、ＥＭＳ（Electronics Manufacturing

Service）と呼ばれる電子製品の一貫生産だ。

つまり、ときには委託元企業の新製品のプロジェクトを設計や試作の段階から担当し、その後の部品調達や製造・発送、補修などのアフターサービスまですべての工程を担うという、包括的な製造をおこなっているのである。組み立てはあくまで、彼らの製造工程の一パートを占めるに過ぎない。

こうしたＥＭＳ企業は、大手メーカーに従属する「下請け」ではなく、法人顧客と相互に対等な関係で契約を結んでいる。そのため、ときにはアップルとシャオミ、一昔前で言えばノキアとモトローラなど、競合メーカーから同時に受注を取るケースも珍しくない（鴻海の社風が秘密主義的で、メディアの取材に強硬な拒否反応を示すことが多い理由のひとつは、こうした業界独自の事情から顧客の機密保持を非常に重視しているからでもある）。

近年の製造業の世界では、ブランド力を持つメーカーが自社の工場をほとんど保有せず、製品の企画や研究開発（Ｒ＆Ｄ）・マーケティングなどの収益性や独自性の高い分野のみに注力する「ファブレス化」という現象が進んでいる。

ファブレスとはつまり、自社工場での製造（fabrication）をしない（less）「製造業」のことで、電子分野ではアップルや任天堂などが近年の代表例だ。現場で手を動かすことに価値を置く日本人の伝統的なものづくりの価値観に照らせば違和感も覚えるが、客観的に言って世界の製造業の趨勢はこちらの方向に大きく動いている。

こうした製造業界のファブレス化が、鴻海を爆発的な成長へと導いた。彼らの勝利の法則は、簡単に言えば以下のような「三角貿易」によってできあがっている。

1．アメリカやEUや日本など先進国の大手メーカーが、最初にモノを考える。
2．台湾で鴻海が、製品企画を具体的な形にする方法を策定する。
3．中国のフォックスコンの工場が、安い人件費と豊富な労働力を武器に大量生産をおこなう。

1990年代からゼロ年代にかけてこれが大当たりした結果、顧客である大手メーカー企業よりも巨大なアウトソーシング業者・鴻海が誕生することになったのである。

異常な機動性とコストカット

「常に一流の顧客を持て」

そんな郭台銘の経営方針にもとづいて、鴻海の顧客にはいずれも世界的に有名な大企業ばかりが名を連ねている。

例えば、パソコンならデルやレノボやヒューレット・パッカード（ＨＰ）、プリンターならキヤノン、携帯電話はアップルやノキアやシャオミ、電子書籍リーダーならアマゾン、ゲーム機ならソニーや任天堂といった具合である。家電量販店の店先に並んでいる大手メーカーの電子製品は、部品レベルまで細かく見れば鴻海グループが一切関わっていない製品を探すほうが難しいくらいだ。

電子製品の市場は浮き沈みが非常に激しく、１９９０年代以来、世界の主流はテレビのような家電製品からパソコン、携帯電話、電子ゲーム機、そしてタブレットやスマートフォンなどに次々と変わってきた。結果、ＥＭＳ企業の顧客となる大手メーカーは、ＩＢＭがパソコン事業をレノボに売却し、ソニーやシャープが不振に陥り、携帯電話大手のノキアやモトローラが没落し……、と諸行無常の様相を呈してきた。

だが、彼らの製品の製造を受注する鴻海だけは、常に市場の動向に対して貪欲に食らいつき、顧客を乗り換え続けることで企業規模を拡大してきた。

鴻海が大手の取引相手と最初に契約を結ぶ際は、受注の決定前から大規模な設備投資をおこなって顧客にアピールしたり、当初は赤字で受注して納品段階までにコストカットを通じて黒字化したりする「なりふり構わない作戦」を取ることも多い。また、大口の顧客に対するケアも極めて手厚い。

郭台銘自身がプライベート・ジェットを使って取引相手の子どもの誕生日プレゼントを贈りに行くなど、鴻海の営業にはしばしばトップが動く。近年、郭は尊敬する人物としてアップルのスティーブ・ジョブズの名を挙げ、また執務室にはデルの創業者のマイケル・デルの肖像画を飾っているとされる。これもおそらく彼がジョブズやデルの理念に共感している以上に、鴻海のスマホ部門とパソコン部門での最大の顧客であるアップルとデルに対するサービスの要素が多分に含まれていると考えていいだろう。

2003年、鴻海の株主総会で郭はこんなことも言っている。

「われわれは顧客自身よりも顧客のことを気にかけている」

シャープ買収劇の際には空約束を連発したように見えた海千山千の郭台銘だが、ひとまず鴻海の顧客の立場に回る限り、彼のこの言葉にウソはない。

例えば、鴻海は顧客の要求水準を上回るコストカットを自社から進んで提案し、安定した受注を継続させることを得意としている。

もともとEMS企業は、マーケティングや代金回収にリソースを割かずに済むため、製品のコストカットと品質改善にのみ注力できるという特徴がある。

鴻海は特にこの分野を強みにしており、かつて2007年にアップルからiPhoneを受注した際には、コスト削減提案を繰り返すことで、1台あたり平均227ドル（約2万7000円）だった製造コストを翌年には174ドル（約1万9500円）

まで23％も引き下げた。価格とのバランスが取れない過剰なスペックを容赦なく切り捨てられるのは、ものづくりへのこだわりを持ち過ぎないＥＭＳ企業だからできる振る舞いだ。

また、鴻海は驚異的な納品スピードに加えて、受注量の増減に柔軟に対応することで顧客の在庫リスクを減らす手法も得意としている。

例えば２０１２年に iPhone 5 が発売されたとき、機密の保持を重視するアップルは、リリースの直前まで製品生産の発注や詳細なスペックの情報の提供を避け続けたが、一方で発売直後のわずか3日間で４００万台もの iPhone をフォックスコンに製造させている。これだけタイトな納期と突然の大量生産の発注に対応できる会社は、世界中のＥＭＳ企業のなかでも鴻海しかない。

――自社で製品を製造するよりもずっと安く済み、在庫を抱えずに市場ニーズに応じた生産量で製品を供給できる。

顧客側から見れば、鴻海に発注するメリットが非常に大きいのは明らかだろう。

「働く側」の負担をひとまず度外視すれば、鴻海はＩＴガジェットが普及した現代人の生活の根幹を支えている会社でもあるのだ。

巨大な売上高、低い収益性

ただし、営業力と機動性を武器に拡大した鴻海は大きな弱点を抱えている。

それは、EMSというビジネスモデルが本質的に抱える収益性の限界だ。例えば鴻海は、2015年度に日本円換算で約16・9兆円の巨額の連結売上高を叩き出しているのだが、実は純利益は4000億円強しかない（下表参照）。

メディアによって見解が異なるとはい

利益率は低下している！
鴻海の売上高・営業利益率

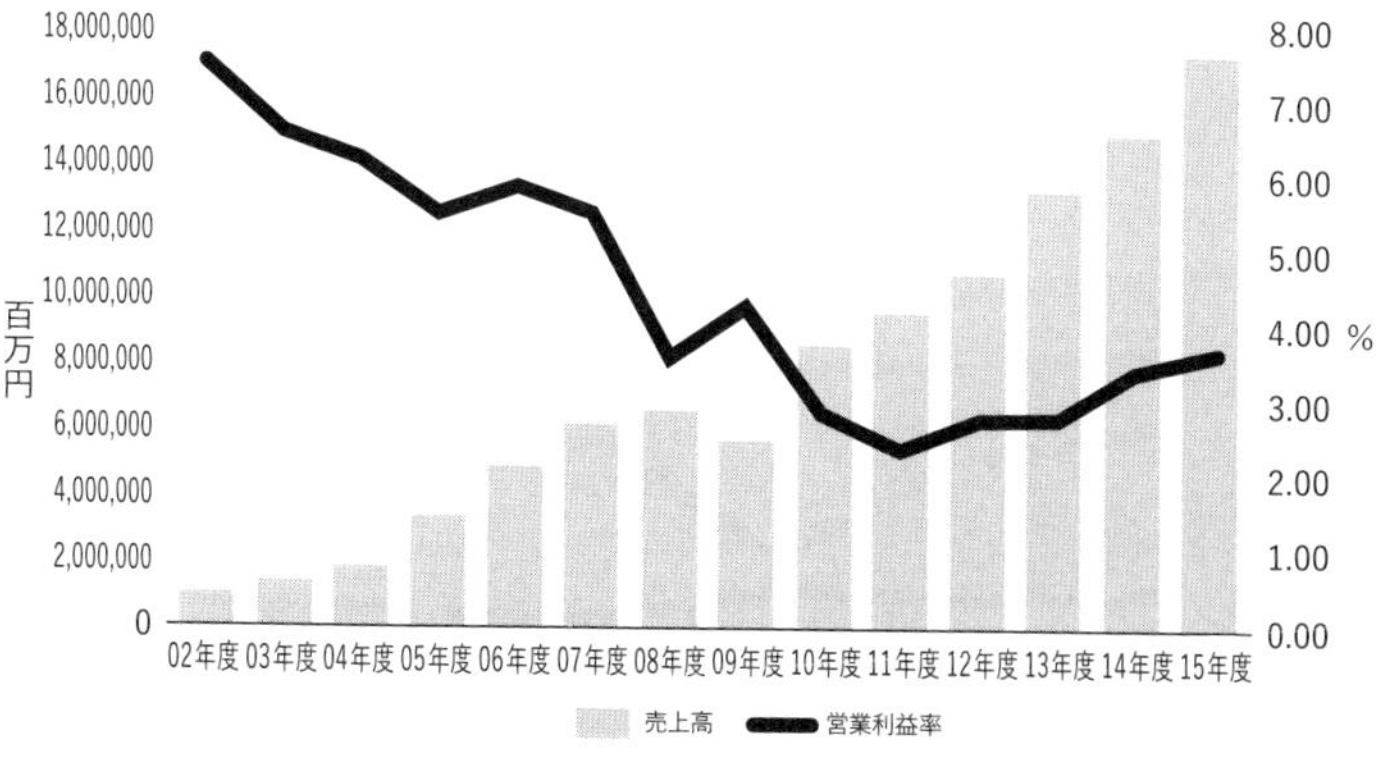

出所：SPEEDAホームページより編集部作成

え、同年の鴻海の収支は粗利益率で7％程度、営業利益率で4％程度にとどまると見られている。郭台銘が強いライバル意識を持つサムスンの粗利益率が例年40％近くに迫り、経営不振が伝えられる東芝やシャープもつい5年ほど前までは20％前後の水準を維持していたのと比較すると、かなり寂しい数字だ（下表参照）。

　実のところ、鴻海は２０１５年現在においてすら、粗利益率だけを見るならば「死に体」であるシャープよりもさらに低いのだ。

　その理由は、電子製品の製造工程の付

シャープよりも低い粗利益率
鴻海の粗利益率

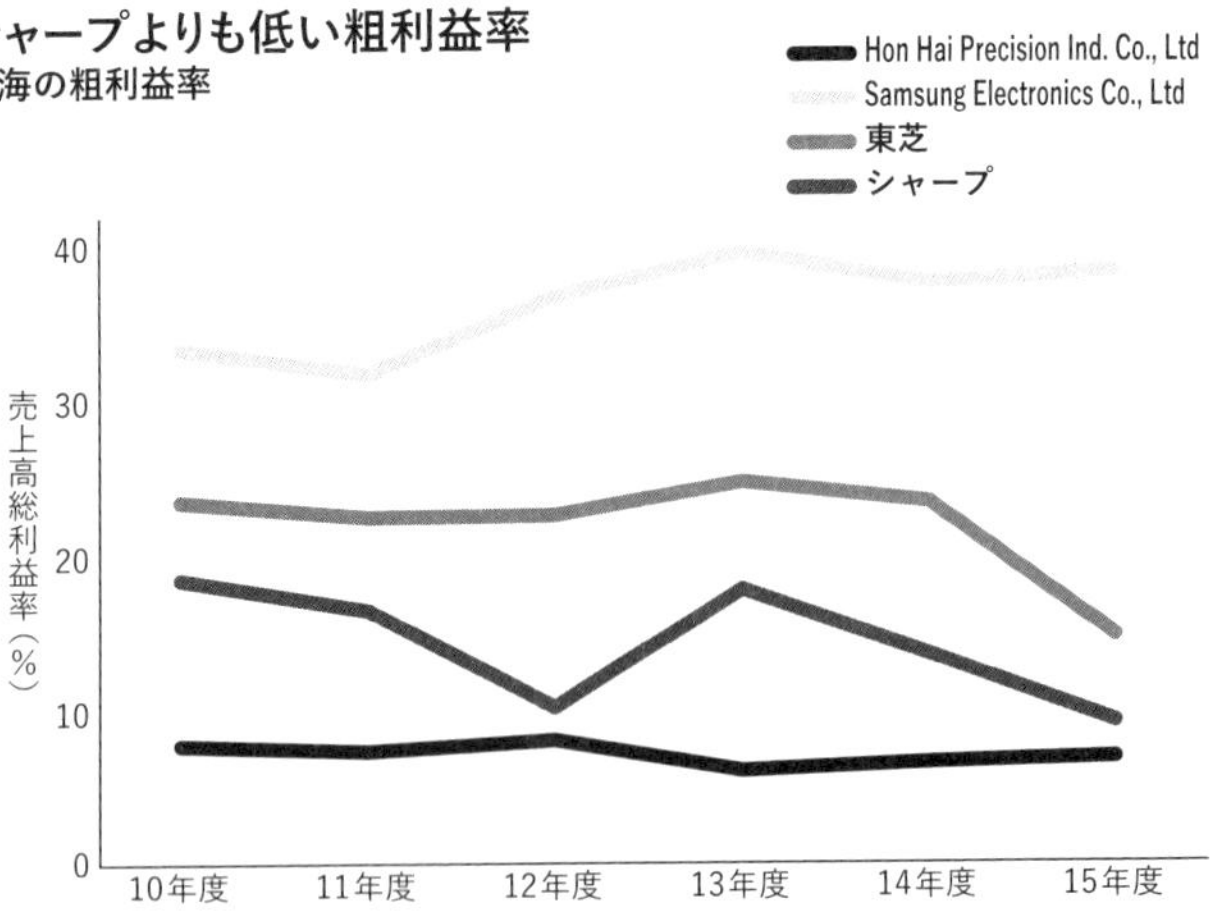

出所：SPEEDAホームページより編集部作成

加価値が作業の段階ごとに異なっている点にある。

それを視覚的に理解できるイラストとして有名なのが、台湾のパソコン大手・エイサー創業者の施振栄《ししんえい》（スタン・シー）が提唱した「スマイルカーブ理論」だ（下表参照）。


つまり、電子製品の製造プロセスでいちばん利幅が大きくて「おいしい」商売は、製品企画や開発（R&D）をおこなう川上《かわかみ》の段階と、実際に一般消費者に製品を販売する川下《かわしも》の段階に集中している。

逆に、現場の工場における製品の組み立ては付加価値が低い。膨大な人件費と

EMSは付加価値が低い
スマイルカーブ理論

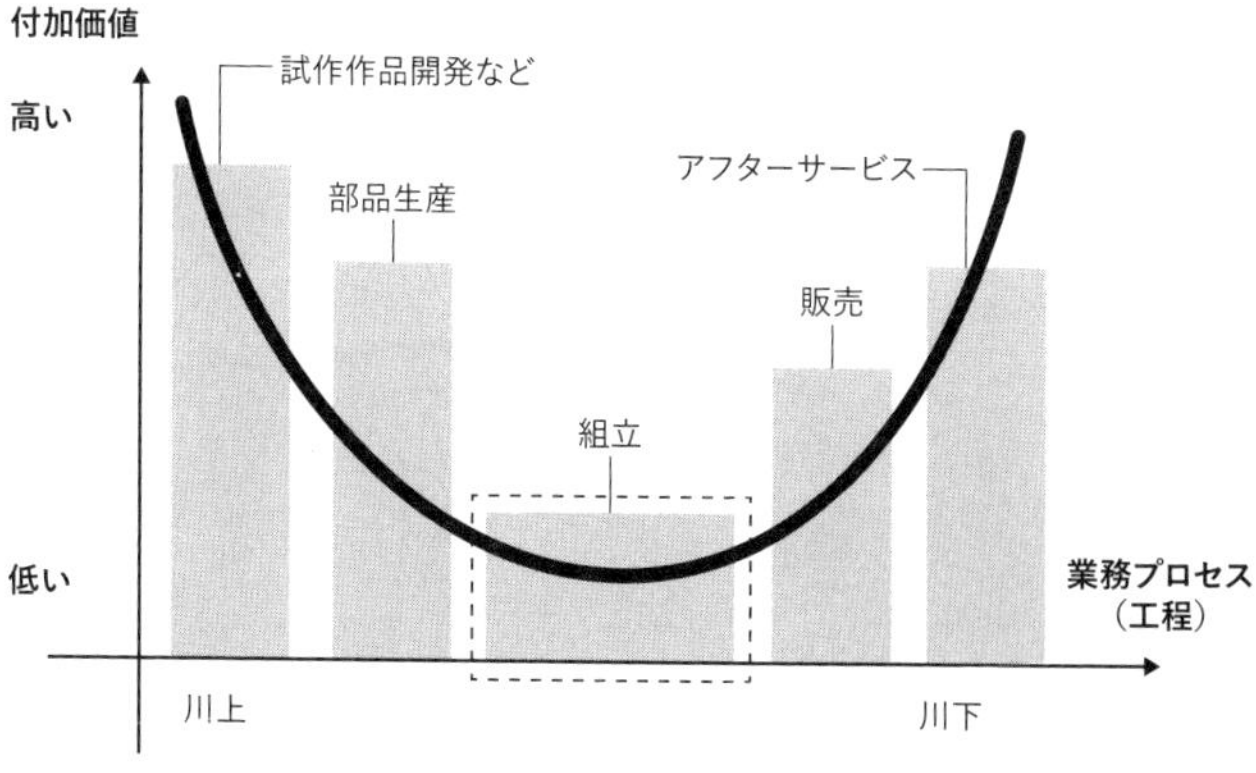

出所：SPEEDAホームページより編集部作成

設備投資のコストがかかる一方で、個々の労働者の仕事内容は基本的に「誰にでもできる」性質の作業であるためだ。事実、2014年時点でのiPhone 6の市販価格は1台あたり649ドル（6万8755円）だが、鴻海をはじめとするEMS業者の組み立て加工費はわずか4ドル（423円）だったと言われている。

本質的に言って、受託生産は大手メーカーが嫌がるこの低付加価値の分野を引き受けるビジネスだ。もちろん鴻海は、付加価値の高い設計段階からの請け負いをおこなうなど、スマイルカーブの左右に担当領域を伸ばそうとしているのだが、自社ブランドを持たない以上は「川上」と「川下」を握ることはできない。

大きな利幅が望めないなかで利益を上げるには、人件費をはじめとしたコストを徹底的にカットし、膨大な受注量と生産量を維持して売上高の数字の規模を積み上げていくしかない。

鴻海の売上高が極端に高いのは、こうしたEMSビジネスの構造的な性質ゆえなのだ。

しかし、ここ数年は鴻海の製造基地である中国で人件費の高騰が進んでいる。

かつてフォックスコンは中国工場の低賃金のワーカーたちに厳しい労働を課した結果、2006年には中国メディアから「絶望工場（血汗工廠《シュエハンゴンチャン》）」として大バッシングを受けた（第2章参照）。そのため、鴻海の労働環境は社会的に大きな圧力にさらされることになった。

結果的に、現在ではフォックスコンの多くの工場で中国社会の平均賃金以上の月収と残業代の支払いが保証され、福利厚生も整備されるなど、ワーカーの待遇は同業他社と比較しても優秀な水準に引き上げられたとされる。

だが、これはコスト面で見れば、ただでさえ低い利益率をさらに圧迫することに他ならない。近年、鴻海はインドなど第三国への工場の移転や、中国工場のロボット化も進めているようだが、問題の抜本的な解決にはほど遠い模様である。

加えて近年の鴻海の売上高の4～5割を占めるとも言われるアップルも、2011年のスティーブ・ジョブズの死後は徐々に新製品に画期性を欠くようになり、消費者の飽きもあって iPhone や iPad の売上に陰りを見せている。アップルの不振は鴻海の不振に直結する問題だ。

飛ぶ鳥を落とす勢いに見える鴻海だが、ここ数年で経営上の大きな曲がり角に差し掛かっているのも事実なのである。

M&Aによる拡大

そこで彼らが考えているのが、M&Aによるグループの拡大と経営の多角化だ。

「(シャープの買収は) 私にとっての新たな『創業』だと考えている」

買収の決定後、郭台銘は周囲にそう繰り返している。

郭が日本上陸にこだわった理由のひとつに、今後のアップル製品の製造受注に対応するための、シャープ独自の新型液晶技術「IGZO」の獲得が挙げられる。

アップルの高度な品質要求を満たせるディスプレイを作れる企業は、世界中で韓国のサムスンとLG、日本のシャープとジャパンディスプレイ(JDI)しか存在しない。技術力はサムスンが最も高いとされているが、アップルはスマートフォン市場で最大のライバルであるサムスンに自社の手の内を明かしたくない。残る3社のうちで、保有する技術に比して企業価値を急速に下げ続けていたシャープは、鴻海から見れば破格のお買い得物件にほかならなかった。

だが、私が鴻海のOBや台湾のメディア関係者らに尋ねた限りでは、右の理由だけでなく、「郭台銘は国際的な知名度を持つ製品ブランドとしてのシャープの名を欲しがっている」といった指摘も多い。

事実、郭はシャープの買収契約を調印した直後の記者会見の席上でも、鴻海とシャープの技術提携を通じたIoT（モノのインターネット）分野への進出や、スマート家電や白物家電の販売に関心を示す発言をしている。

そもそもシャープを傘下に入れようとした時点で、従来の鴻海がおこなってこなかったBtoC（一般消費者向け取引）ビジネスへの強い関心が反映されていると考えるのが妥当だろう。

鴻海はその業務の性質からしても、水面に決して顔を出さない潜水艦のような会社だ。

これまで、彼らはEMS企業として顧客に警戒心を持たれないようにという配慮から、自社ブランドの立ち上げを慎重に封印してきた。実は、2013年からアメリカの「インフォーカス（富可視《フークゥシー》）」という小メーカーと組んで、こっそりと自社ブランドのテレビを売り出していたりもするが、こちらもケーブルテレビの視聴契約とのセット販売という特殊な販売方法を取り、従来テレビの生産を受注してきた顧客メーカーに気を使う姿勢を崩していない。

だが、メインビジネスのＥＭＳの収益性の低さに息苦しさを覚えるなかで、郭台銘は新たな道を探そうとしているようだ。日陰者の潜水艦がシャープを得たことで、表の世界に打って出ようとしているのである。

——もっとも、そんな郭の新戦略の前途は必ずしも洋々ではない。

ＥＭＳ以外の成功経験が乏しい

「鴻海にＥＭＳ以外のビジネス分野における未来があるかと言えば、いまのところ、私には思い当たりません」

私の取材にそう語るのは、熊本学園大学商学部の喬晋建《きょうしんけん》教授だ。２０１６年３月、鴻海を対象にしたものとしてはほぼ唯一の日本語の学術書である『覇者・鴻海の経営と戦略』（ミネルヴァ書房）を上梓した。

「近年、鴻海は医療機器や自動車部品、太陽光発電パネルなどの製造分野にも進出しています。これらの事業は従来培ったノウハウの延長線上にあるため、比較的前途を期待できるでしょう。しかし、シャープの経営を含めた未経験の分野についてはまったく話が別です」

ここでいう未経験の分野とは、すなわち自社の顔を世間にちゃんと出して一般の消費者に向けてモノやサービスを売る、BtoCのビジネスだ。自社のブランドイメージの構築や商品戦略、消費者対応など、EMSのような企業間のビジネスとはまったく異なるノウハウが必要になる。

実のところ、郭台銘自身もEMSビジネスの利幅の薄さに頭を痛め、21世紀に入る頃から家電量販店や電子商取引（EC）など、BtoC分野の事業への参入を目指してきた。以下、喬教授の著書などを参考にその事例と現状をまとめておこう。

・サイバーマート……2001年に中国で買収した家電小売店をベースに、グループ傘下の家電量販店を設立。一時は中国国内で53店舗を展開したが、やがて経営は低迷して店舗数は30店余りに縮小。また、２０１２年からは台湾国内でも店舗を展開したが際立った業績は挙がらず、２０１４年に48％の鴻海側保有株式を売却して約２３０万ドル（約２億４３６６万円）の投資損失を出すことになった。ただし、ＥＣ部門は現在もサイバーマート名義で鴻海の傘下に残り、日本法人がインバウンド市場向けのビジネスを展開するなど、現在でもささやかに生き残っている。

・**メディアマルクト**……２０１０年にドイツの小売り大手メトロとの合弁で家電量販店のチェーン展開を試みたが、２０１２年に4億人民元（約50億円）の赤字を計上して翌年1月にメトロ側が撤退。鴻海も事業継続を諦めた。ほか、２０１２年からはアメリカの家電量販大手のラジオシャックと提携した別の家電量販店の展開も試みたが、あまりうまくいっていない。

・**万馬奔騰**《ワンマァベンタン》……２０１０年からフォックスコンの深圳龍華工場で5年以上勤めた従業員をフランチャイズのオーナーにする形で立ち上げた、中国の地方都市や農村部を対象にした家電小売店プロジェクト。だが、当初は１万店舗の展開を計画したにもかかわらず最盛期でも店舗数は３００店足らずしか伸びなかった。２０１６年６月、郭台銘は鴻海の株主総会上でプロジェクトの再テコ入れと１０００店舗の目標展開店数を発表しているが、前途に不安を持たれている。

・**飛虎楽購**……２００９年に中国国内向けのネット通販サイトを立ち上げたものの、業績は振るわず利用者も伸びないまま。２０１３年には中国紙『証券時《ヂェンチュエンシィ》報《バオ》』に「飛虎楽購の運営はもうダメだ」と語る関係者の談話が掲載された。

・**三創数位生活園区**《サンチュアンシューウェイションフォユエンチュイ》……２０１５年５月、鴻海グループが台北市政府と協力する形で市内の電気街にオープンした地上12階、地下5階の巨大なＩＴショッピングモール。郭台銘の長男の郭守正《かくしゅせい》が代表を務める。２０１６年5月に筆者が訪れたところ、週末だったこともあり客足は多めだった。モール内の雰囲気は垢抜けており、ネットの評価を見ても市民や観光客の反応は好評だ。

三創モール。垢抜けない鴻海の社風とは不釣り合いに思えるほど
スタイリッシュである

これらを見ればわかるように、常に勝ち続けているように見える鴻海のビジネスは、ＥＭＳ以外の分野では「三創」の商業モールを除いてあまりうまくいっているとは言い難い。

途上国の工場現場に大量の安い労働力を投入し、現地政府からの全面的な支援を受け（第３章で詳述）、万が一トラブルが起きたときも現地当局が後ろ盾になってくれる――。過去の鴻海の成功は、常にそんなバックグラウンドのもとでもたらされた。

裏を返せば、これらの要素がひとつも存在しない分野のビジネスは、ほとんど失敗してきたと考えてもいいだろう。喬教授は語る。

「過去、鴻海の先進国における大規模なＭ＆Ａは、２００３年のフィンランドのイーモの買収のみ。しかし、労務管理の難しさに手を焼いて間もなく売却していま す。その後の郭さんは欧州などの先進国ではＭ＆Ａを控えるようになりました」

鴻海は、先進国との相性があまりよくない会社でもあるのだ。

「仮にシャープの再生に成功すれば、鴻海にとって大きな転換点になるでしょう。

しかし、日本に安い労働力はないし、日本政府が応援してくれるといったこともあり得ない。鴻海には自社ブランドを持つ企業の運営経験もほとんどない。……個人的な見解を言えば、シャープ買収の結果はあまりうまくいくようには思えませんね」

喬教授は不安げにそんな分析を述べている。

郭台銘がシャープを切り捨てる日

郭台銘に限らず、起業家スピリットを持つタイプの経営者の仕事は、大きな夢を次々とぶち上げることと、それを現実の軌道に乗せるために邁進することだ。そんな行為を繰り返して常に前に進んでいく経営者を、世間では「やり手」と呼ぶ。

だが、逆に言えばこれは、本人が従来どれだけ強い熱意を持って取り組んできた事業であっても、ひとたび成功が見込めなければ素早く見切りをつけ、さっさと次の「夢」に乗り換えることも意味している。

「リスクが3割を超えたらどんなことがあっても潔く退却すること。誰しも『もったいない』という気持ちが働き、退却は前進より勇気が要ります。でも、ブレーキがついていない車も、バックできない車も、危なくて乗る気がしませんよね。リーダーたる者、意地で闘ってはいけない」

「意地で事業を続ける奴はバカだと思え。退却できない奴はケチだと思え。ケチな奴はリーダーになってはいけない」

こちらはソフトバンクの孫正義の発言だが、彼のような価値観は郭にしてもそう大きくは変わらないことだろう。ちなみに近年、ソフトバンクが人型ロボットpepperの製造を鴻海に依頼したこともあって、孫と郭は交友が深い。

――成果が挙がらなければ、いかなる巨額の投資であろうと容赦なく切り捨てる。

そんな冷淡さや一種の飽きっぽさも、経営者の才能のひとつなのである。

――話は冒頭に戻る。

「提携話が持ち上がった当初、郭台銘さんはうちの会社（奇美電子）に非常に敬意を払ってくれました。しかし、それは最初だけでしたね」

台南市の奇美博物館で、許文龍はさみしげにそう語った。

当初は並々ならぬ熱意で許と奇美グループを口説き落とした郭は、新会社の業績が振るわないと知った途端に態度が冷淡になった。

台湾の液晶界を騒がせた「世紀の大合併」も、結果を出せないものは郭の関心の対象から外れてしまう。奇美グループには気の毒な話だが、やり手の経営者の資本主義の論理からすれば、ある意味で仕方のない部分もあったのだろう。

しかし、それならば仮に今後のシャープが、鴻海の傘下で十分なパフォーマンスを発揮できなければどうなるのだろうか。

買収当初に見せた「夢」と熱意が冷めた郭は、果たしてシャープにどんな姿勢で向き合っていくのか——。

その答えはおそらく、奇美電子の事例以上に、極めて残酷なものとなるに違いない。

第2章　自殺者続出、フォックスコン工場の実態

立ちっぱなしの12時間労働

〝フォックスコンの深圳《シェンチェン》基地で、23歳の陳峰《ちんほう》（仮名）は思案に暮れている。いかにして、彼が働き出して1年にも満たない、世界企業ランキング500に名を連ねる大企業から、逃げ出せばよいのかを〟

〝フォックスコンの深圳龍華工業園《ロンホアゴンイエユエン》の生産ラインで働くのは、おおよそ20歳前後の青年たちだ。彼らの学歴は高くなく、苦労して働いた月収は約1000人民元（注・約1万4590円）あまりである。

生産ラインにイスはない。少数の従業員たちを除いて、現場のワーカーは必ず立ったまま、12時間ぶっ続けで作業をするのだ。作業が終わっても、ワーカーたちはさらに夜間のミーティングのために残らなくてはならない。

夜のシフト交代が終わっても、一部の娘たちは階段の下に座って食事を取ることができるのみで、ふたたび翌日の早朝までずっと続く生産ラインに入ってゆく。もし階段に寝転がって眠るような者がいれば、すぐさま管理担当者に記録される。

　生産ラインにおいて話をすることは許されない。社内で広められているある理屈によれば、もしも生産ライン上にイスを置いたりワーカーの会話を許したりすれば、従業員の仕事の効率に差し障るのだという。

「12時間だぜ。罰で立たされているのと同じだ。俺みたいな男でもキツいんだ。女の子たちはどれだけ大変なことか」〟

〝実習生もやはりイスに座ることはできず、多くの時間は立ちっぱなしでよろめくことも許されない。さもなくば、捕まえられて真っ向から叱りつけられる。研修期間の数カ月間にわたり、生産ラインから宿舎へと戻るたびに誰もが深い疲労を覚え、両足は靴ずれだらけとなる。(中略)

　フォックスコンではさらに「残業時間制限」なる措置がおこなわれている。従業員たちは階級ごとに異なる残業時間が設定されているのだ。仮にある従業員が毎月指定された残業時間を超えて働いた場合、超過時間分はすなわちサービス残業となる〟
（『第一財経日報』当該記事を筆者翻訳。一部に改行を加えた）

こちらは2006年6月15日、中国の経済紙『第一財経日報《ディーイーツァイジンリーバオ》』に掲載された告発ルポ「絶望工場（血汗工廠《シュエハンゴンチャン》）の黒幕」の一節である。同記事が発表される前日には、英紙『サンデー・テレグラフ』でもフォックスコンの低賃金労働を告発する記事が出た。フォックスコンは鴻海《ホンハイ》の中国国内でのグループ名で、当時はアップルの音楽プレイヤー・iPodシリーズのEMSを担当していた。

iPodは「1000曲をポケットに」を

C5 第一财经日报
第一人力 HR
"招进来1000人，500人身体本来就有病。"富士康外联部的贺小姐告诉记者
富士康员工：机器罚你站12小时
沉默的大多数

2006年6月15日『第一財経日報』に掲載された告発ルポ

合言葉に、先進国のみならず中国の都市部でも親しまれていた製品だ。ゆえに、スマートなITガジェットの背後に横たわる悲惨な物語は世界を震撼させた。

それまで一般的な知名度が低かったEMS企業・鴻海は、非常に不名誉な形で世界に名を知られることになったのである。

フォックスコンは地獄か

ただし、当該記事のみについて言えば、フォックスコンが悪者にされ過ぎた面もあった。

中国で、ワーカー（現場作業従事者）たちに半日立ちっぱなしの労働や私語禁止を命じる工場は多く、それは日系メーカーの工場であっても例外ではない。

また、宿舎と食事を無償提供したうえで月収1000人民元ほどを支払っていた当時のフォックスコンの給与水準も、街の食堂での食事が10人民元（約146円）だった当時、同業他社と比較して劣悪とは言えなかった（後述するが、その後のフォックスコンは賃上げ要求に応じ、現在は新人ワーカーにも現地の大卒初任給と遜色がない4000人民元（約6万1360円）前後の給与を支払っているとされる）。

そもそも、人件費が安い新興国の工場の姿はどこも似たようなものだ。

かつて日本でも、1973年にトヨタ自動車の工場に期間工として潜入取材した鎌田慧のノンフィクション『自動車絶望工場』（講談社）が話題となった。1日10時間の立ち作業、著しく人間味に欠けた職場環境、平均月収9万円の低賃金——といった作中の描写は、21世紀の中国の話だと言われてもまったく違和感がない。

悪いのはトヨタやフォックスコン、カローラやiPodといった企業や商品の固有名詞ではなく、極度に効率化された工場労働によって支えられた、現代の産業社会文明そのものだという見方もできなくはなかった。

むしろ、問題となったのは記事に対するフォックスコンの対応である。

2006年8月、同社は記事を執筆した若手女性記者の王佑《おうゆう》とその上司の個人を対象に狙い撃つ形で、3000万人民元（約4億3000万円）の名誉棄損訴訟を起こしたのだ。間もなく、王佑の財産が合法的な手続きを経ず深圳市中級法院（地裁）に差し押さえられる事態も起きた。

「人治の国」である中国において、カネやコネを持つ者は当局に超法規的な処置を取らせることができる。フォックスコンは深圳で数十万人規模の雇用を吸収し、市への法人納税額のトップを占めていたことから、深圳地裁が同社に有利な判決を下すのは目に見えていた。

だが、そんなフォックスコンの振る舞いに全中国の世論の批判が集中する。

事態は単なる労働問題ではなく、地方政府と癒着した企業による言論弾圧事件だと見なされたのだ。当時の中国はネット世論やマスメディアの勃興期で、社会問題への関心が高まりはじめていた。

結果、思わぬバッシングに仰天したフォックスコンは、起訴のわずか5日後に賠償要求額を1元とし、『第一財経日報』の編集部を被告に含める形に起訴内容を変更する。しかし、それでも批判はやまなかったため、さらに3日後には起訴の全面的な取り下げを発表した。

火消しの速度こそ素早かったとはいえ、メディア対策の完全な失敗である。

結果、「鴻海＝ブラック企業」という認識だけが内外に残されることになった。

このときに中国や欧米圏に植え付けられたマイナスイメージが、4年後に発生した若いワーカーたち連続自殺（未遂）事件において、郭台銘《かくたいめい》と鴻海を大きく追い詰めることになる。

だが、事件について紹介する前に、一連の労働問題とも密接に関係するはずの、鴻海の社風について詳しく見ていくことにしよう。

警備員の手は震えていた

「フォックスコンの工場に行くと、身ぐるみ剥がされるような目に遭うんですよ」

そう話すのは、日本の某部品メーカーの社員であるS氏（30代）だ。彼の会社は最終顧客の大手メーカーからEMS先のフォックスコンへの部品納入業者に指定され、継続的に同社との取引を続けてきた。

S氏はゼロ年代の後半、深圳のフォックスコン龍華工場にしばしば出張した。この工場は別名「郭台銘の紫禁城」。鴻海の中国での最大拠点であり、2・3平方キロの敷地内で数十万人の従業員が生産に従事し、警備員だけでも1000人以上が働く。前出の2006年『第一財経日報』事件や2010年の連続自殺（未遂）事件の舞台にもなった場所だ。

「機密保持のため、携帯電話もパソコンも持ち込み禁止。それどころか、工場の入り口のテントみたいな場所でボディチェックを受け、パスポートまで預けさせられます。警備員も軍人みたいで、威圧感がある。よく隊列を組んで行進していましたね」

当時の同社の警備員は高圧的なことで有名だった。その後、2010年代前半になると、ボディチェックをめぐって警備員から殴られたり罵倒されたりしたワーカーたちが大規模な暴動を起こす事件も中国各地の工場で頻発した。

「ただ、クビにされやすい環境なんでしょう。誰もがすごく緊張していました。ボディチェック係もミスを恐れているらしく、私の身体に触るときに手が細かく震えていた。見ていてかわいそうでしたよ」

「BYD（比亜迪《ビィヤーディ》　※フォックスコンと対立関係にある中国企業）も似た社風の会社ですが、フォックスコンのほうがキツいですね。以前、私はBYDの工場で飛び降り自殺を図ろうとしたワーカーを見ています。フォックスコンで似た事件があったと聞いても、不思議には思いませんでした」

数十万人が住み込みで働く工場の敷地内は、さながらひとつの街だ。内部には銀行や病院などのほか、レストランやゲームセンター、プール、映画館もある。2010年6月、晩年のスティーブ・ジョブズが講演中にフォックスコンの労働環境を擁護した際、「工場としては、実に素晴らしい」と褒め称えた、充実した施設群だ。

こうした面での労働者への待遇は決して悪くない。

だが、郭台銘の苛烈な性格をそのまま反映したような社風はやはり重苦しい。会社側はワーカーたちの盗難やストライキ・賃金情報の共有などを防ぐ目的から、家族・親戚や同郷の者を故意に別々の宿舎や職場に配置し、また同じ職場の同僚を決して一緒の部屋に住まわせないという、一種の分割統治政策を通じた支配をおこなっている。

中国の国内報道によれば、若者たちが多人数でルームシェアする宿舎内では、互いの名前すらも知らず、夜はもっぱら各自が手元の携帯電話に向き合っている光景がよく見られるという。

フォックスコンの社内を覆う独特の緊張感は、S氏と打ち合わせをおこなうホワイトカラーの社員たちにも見られた。

「出会う社員たちは、普通に考えれば各自が現場のレベルで判断しても問題はないだろうと思える事柄についても、まったく決定権を持っていなかった。発注元の大手メーカーの意向がないと、どんなに細かいことであってもなにも決まりませんでした。何年も取引をしていましたが、打ち合わせ後に一緒に食事に行くようなこともまずなかったです」

ちなみに、一部の最高幹部クラスを除いて、フォックスコンの中国人社員たちは最新のＩＴガジェットを日々取り扱っているにもかかわらず、あまりスマートな雰囲気の人たちではない。管理職でも英語がカタコトの人が多く、コミュニケーションに苦労したという。

友人や親戚には勤務を勧めない

続いて、鴻海の系列企業に勤務する中国人ホワイトカラー社員・張立命《ちょうりつめい》（仮名・

30代前半）の声を紹介しておこう。

彼を紹介してくれた筆者の友人は日中英の３カ国語に堪能で、英語圏の大学を卒業後に米系ＩＴ大手のシスコに勤務した30代の上海人だ。張もまた、中国国内では彼とほぼ同様の社会階層に属している。以下に対談形式で取材内容を紹介しよう。

――あなたの大まかなバックグラウンドと現在の月収を教えてください。

張：私は××電器（※中国資本の大手家電量販店グループ）で管理職を務めてから、９カ月前にフォックスコン系列のネット商店系企業に転職しました。フォックスコンはもともと製造業の会社なので、貿易やマーケティング関連のスキルがある人材を社外に求めており、それに応じた形です。

具体的なポストは伏せますが、中間管理職です。前職場から引き続き、スマートフォンなどで世界的に有名な大手ブランド・Ｘ社の販売業務に関連するマネジメントを手掛け、月収は１万５０００人民元（約23万１００円）です。

――上海の中国人ホワイトカラーとしては、高くも低くもない待遇ですね。現在の部署について、悪い面とよい面を教えてください。

張：悪い面は、ネット商店分野に関する不満そのものです。フォックスコンはBtoCの経験の蓄積がなく、中国の同業大手各社と比較すると、マネジメントも人材活用も、市場を読む能力もまったく追いつけていません。

比較的楽しい点は、X社の商品を取り扱えることでしょうか。彼らのブランド管理や小売り管理は、学べるところが非常に多く刺激的です。

――X社の魅力ではなく、フォックスコンという会社の魅力はいかがですか？

張：フォックスコンは国際的に存在感を持つ企業です。ただ、グローバルな大企業ならば持って然るべき魅力的な理念や哲学は、あまり感じ取れません。事業のコアであるものづくりの現場では、自社への誇りを覚えられる局面もあるはずですが、業績が順調ではないネット商店の分野でこうした思いは感じづらいですね。

貿易やマーケティング関連のスキルがある人材は、例えばアリババ（※中国のネット商店最大手）やJD（京東商城《ジンドンシャンチェン》 ※同大手）に行ったほうが、うちに来るよりもキャリアの発展性があるのではないでしょうか。

張立命は鴻海の非主流部門（第1章参照）に勤務する中途採用者で、社風に馴染めない部分があるようだ。当初はやや慎重に言葉を選んでいた彼だが、ある質問で心を開いた。

——現在の職場においてワークライフバランスは保たれていますか？

張：……まったく保たれていません。私には妻と小さな娘がいますが、家庭生活との両立が極めて難しい。上司が毎日、勤務時間終了後の学習やミーティングを強いてきて、それが深夜12時に及ぶことも珍しくないんです。

一方、始業前の朝8時から会議がある日もあります。そのためのパワーポイントの資料作りや、業務レポートを家で仕上げることもしばしばです。これらの残業や在宅労働について、管理職や幹部層に残業代や手当は払われません。

——きついですね。フォックスコン工場での過重労働についてはどう思いますか？また、工場では従業員たちが『郭台銘語録』を暗唱すると言いますが、あなたはどうですか。

張：自分は工場にいるわけではないため、確かなことは言えません。ただ、労働環境に強い不満を持つ人がいることは納得できます。

『郭台銘語録』は『毛沢東語録』みたいで、私はああいう個人崇拝的なつまらないものに違和感があります。従業員に規律を教えるなら、普通の言葉で教えるべきです。

――郭台銘氏を称賛する書籍（『郭台銘＝テリー・ゴウの熱中経営塾』ビジネス社など）を読むと、郭氏は人材を極めて重視すると書かれています。実感はありますか？

張：難しい質問ですね。おそらく郭氏本人はそういう人なのだと思いますし、彼の経営への考え方には共感も覚えます。しかし、現場で働くなかでは、率直に言って人材を重視している印象はまったく感じません。

現代的な上海人エリートである張立命は、鴻海の泥臭さを嫌っている。また、過重労働と背中合わせとなっている社内の人間関係への不満も大きいようだ。

――フォックスコン社内では台湾人の幹部（台幹《タイガン》）が、中国人の幹部（内幹《ネイガン》）よりも、ポストや給与の面で優遇されがちだと聞いたことがあります。これは事実ですか？

張：事実です。私が在籍する会社には、能力が低いのに台湾人だというだけで高いポストに就き、無茶なノルマを押し付ける幹部が多く、中国人社員の不満が高まっています。しかし客観的に言って、学歴もスキルも、自分の職場では中国人（の中途採用社員）のほうが本社から来た台湾人幹部よりも優秀なんです。モチベーションを高めて能力を発揮するのは難しい環境の職場だと思います。

正直、台湾人の印象は悪くなりました。一般に中国人が想像する「優しい台湾人」のイメージは彼らにはありません。彼らは台湾の社会では大したことない人材なのに、自分が台湾人だというだけで中国人を見下しているんです。

――手厳しいですね。仮に友人や親戚が勤務を望んだ場合、どんな助言をしますか？

張：私にとってのX社のように、あるブランドが好きでその製造なり販売なりの現場に携わりたいならば、フォックスコンも選択肢のひとつかもしれません。ただ、個人的にはまったくお勧めしませんね。私自身、家族ともっと一緒に過ごしたい気持ちもあり、あと1年くらいで他社に移りたいと考えています。

以上はあくまで一個人の意見で、特に自社への不満は手厳しすぎる印象もある。ただ、例えば2010年4月12日付の中国の経済紙『中国経営報《チョングオジンインバオ》』も、フォックスコンの台湾人幹部と中国人幹部の間に、ストックオプションの割り振りやポストの権限に大きな差があることを痛烈に批判する記事を掲載している。

「フォックスコンでの仕事はゴマカシができることがいちばん重要なのさ。能力それ自体は大して必要じゃない。重要なのは、上司や経営陣とよい関係を築けるかにかかっているんだ」

記事では、同社の元幹部候補生と元課長が、異口同音にこう語ったと報じている。郭台銘は『語録』のなかで、人材の重視や世界中の各工場での現地人材の選抜を強調しているが、鴻海における職場の実態は必ずしも経営者の理念の通りにはなっていないようだ。

アリやミツバチのような従業員

「鴻海の従業員は、みんなアリやミツバチみたいです。人数は膨大で、みんな忙しく働いていますが、誰も自分の意見を持たず命令に従って動いているだけ。そんな印象なのです」

S氏や張立命の証言を裏付けるのは、熊本学園大学の喬晋建《きょうしんけん》教授（第1章参照）だ。

「鴻海の特徴として、中間管理職にあたるポストにエリートが少ない点があります。いわゆる一流大卒の中国人ホワイトカラーは、入社してもすぐ辞める。結果、こうしたポストはあまり有名ではない大学の出身者か、工場現場からの叩き上げの人たちで占められます。優秀な少数の高級幹部層と、大量のワーカーたちとを結ぶ『中間』の人材が極めて薄いのです」

鴻海の内部には、普工《ふこう》・全技工《ぜんぎこう》・ライン長・組長・課長・専理・副理・経理・協理・副総経理・総経理・副総裁・総裁という13階層が存在する。しかし、課長から経理くらいの中間部分のポストに相当する人材の質は必ずしも高くない。

同社の社風は、総裁の郭台銘を頂点とする極端なトップダウン体質だ。自由な発想や議論が許されるのは研究開発や経営判断の分野のみで、組織運営や製品生産の現場ではただ規律に従うことのみが求められる。上司の命令には絶対服従。「軍隊式管理」と呼ばれる社内体制だ。

ゆえに、任される仕事量や責任に比して中間管理職の権限は極めて小さい。また、彼らの給料も、張立命の例からわかるように破格の高給とは言えない。結果、優秀な若手社員（特に中国人）が見切りをつけて離職する例が多くなる。

管理職でも英語がヘタな人が多いという、前出のS氏の証言も納得がいく。高い外国語能力を持つような中国人エリートは、社内に長く残らないのだ。

鴻海は企業規模の拡大とともに、従業員数を爆発的に増加させた会社である。

１９９６年には９０００人ほどだった従業員数は、２００６年には約43万人、シャープ買収直前の２０１５年に約１３０万人と、ほぼ20年間で１４４倍に増えた。大部分がフォックスコン工場の中国人ワーカーだ。

これだけの人間を動かすには、少なくとも数万人以上の管理職が必要だが、現場のワーカーと違って管理職の人材はすぐには育たず、外部からのスカウトにも限界がある。

――近年、鴻海の利益率が減少していることは第1章ですでに述べた。

その本当の原因が、人件費の上昇やアップルへの依存体質にあるわけではなく、中間管理職の能力不足による各ワーカーの労働生産性の低下や巨大な工場設備を十分に活用できていない点にあるとする、学術的な分析すら発表されているほどである（沼上幹＋一橋MBA戦略ワークショップ『戦略分析ケースブックVol.3』）。

鴻海で「幸せ」になれる人間

事実、鴻海の社風がどこか垢抜けず野暮ったいことや、拙劣なメディア対応が目立つことの大きな原因は、おそらく会社を現場で支える中間層の人材の能力が低く、自分の判断を仕事に反映させる権限も小さいためだ。

フォックスコンの工場内では、ワーカーの「分割統治」や、後述する従業員との自殺防止契約の取り交わしなど、非人道的とも思える管理方法が一部で採用されている。この理由についても、もとより近代的な人権感覚が定着していない、ローカル層出身の中国人たちが管理職に多いことが関係しているのかもしれない。

――ただし、フォックスコン工場での就業に満足する人もいる。

それは喬教授の言葉を借りるなら「個人の自由を求める考えが強くない人たち」だ。

「例えば地方の貧しい農村から出てきたばかりの人は、少なくとも最初の数年間は幸福感があると思います。鴻海はワーカーへの待遇はちゃんと法にのっとっていて、給与の遅配も少なく残業代も高い。各種の社会保険への加入も義務付けられていますから」

工場内の充実したレクリエーション施設も、娯楽の少ない地方の農村と比べればパラダイスだ。住居や食事はタダで、節約を心がけてしっかり働けばお金も貯まる。

フォックスコンのワーカーは離職率が高いが、一旦他社の工場に移ってから出戻る人も多い。そもそも、工場労働の疲労度や効率至上主義による息苦しさはどの会社でも大きな違いはなく、それならば仕事自体はキツくても他の条件が比較的良好なフォックスコンで働くほうがいいという理屈のようだ。

また、台湾の町工場のオヤジからの叩き上げ経営者である郭台銘の振る舞いも、社内で「幸せ」を感じられる人たちの間ではなかなかウケがいい。

「郭さんが視察に来ると、夕食の献立がちょっとゴージャスになったりするんです。『今日の豪華な晩餐は郭董《グォドン》（郭会長）がポケットマネーから出してくれた、郭董のオゴりだ』と伝えられると、『うちの大将は太っ腹だ！』とみんな大喜びするわけですね。北朝鮮の金正恩《キムジョンウン》が地方に視察に行くときと同じような感じでしょうか」

単純な手法だが、前近代的な気質を残す農村出身の中国人民にこの手の人心掌握術が非常に効果的であることは、半世紀前に毛沢東が証明済みだ。同様の理由で、『郭台銘語録』を読ませることがワーカーの管理にそれなりに役立つことも想像がつく。

一流大卒の若手エリートたちが冷ややかな思いを抱いて離れていく一方で、鴻海の社内には郭に心酔する人々も存在するのである。

ただし、こうした鴻海式の「幸福」の提供は、ここ10年間で曲がり角を迎えつつある。中国社会の変化とＩＴ化が、若いワーカーたちの姿を大きく変えはじめたからだ。現代の中国は、貧しい農村部の出身者でも携帯電話を持ち、インターネットを使える時代だ。娯楽にアクセスするコストが下がり、経済力がない人でも映画やアニメを楽しめるようになっている。結果、本人の経済力や文化資本の有無に関係なく、人生の理想や精神の自由といった抽象的な概念を理解できる人が大幅に増えた。

また、大学進学率の上昇と就職難によって、高等教育を受けてからワーカーになる若者も出てきた。中国語で「八〇後《バーリンホウ》」（１９８０年代生まれ）や「九〇後《ジョウリンホウ》」（１９９０年代生まれ）と呼ばれる新世代だ。「個人の自由を求める考えが強くない人」とは真逆の気質の、現代的な価値観を持つ人たちが労働者の主流を占めはじめたのだ。

必ずしも優秀とは言えない管理者たちのもと、閉鎖的かつ抑圧的な環境のなかで「アリやミツバチ」のように働く数十万人の若者たち。個人の夢や自由を重視する世代である彼らは、やがて無味乾燥な工場のなかで心身をすり減らす人生に疑問を抱くようになる。

そのストレスがやがて、一種の集団ヒステリーに近い事態を引き起こす。

――すなわち２０１０年に発生した、フォックスコン従業員の連続自殺（未遂）事件だった。

13人連続自殺（未遂）事件の衝撃

「フォックスコンは決して絶望工場などではない！」

２０１０年5月、郭台銘は記者たちに取り囲まれるたびに苛立った声を上げた。同年１月23日の早朝に発生した19歳（当時。以下同）のワーカー・馬向前《ばこうぜん》の飛び降り自殺を皮切りに、５月27日までの１２５日間に13人の中国人従業員がフォックスコン龍華工場の敷地内で自殺を図ったのだ。

そのうち死亡したのは10人である。最後の１人が手首を切った他は、いずれも飛び降り自殺だった。年齢的には、全員が事件の発生時点で17〜25歳の「八〇後」や「九〇後」ばかりだった（92ページ図表参照）。

同年の3月末から、フォックスコン工場のワーカーと思われる人物がネットの匿名掲示板上での告発文の発表を始めていた。やがて4月7日に18歳の女性ワーカーが6人目の自殺者となったあたりから、中国の現地メディアも並々ならぬ事件として注視するようになった。当初は批判記事を突っぱねていた鴻海側も、やがて欧米や香港・台湾のメディアまでもが騒ぎはじめたことで沈黙を続けるわけにはいかなくなった。

だが、郭と鴻海の対応は鈍いうえにどこかピントがズレていた。

5月10日の夜、フォックスコンの工場内に僧侶を3人呼んで「皆の心を静めるため」の法要をおこなわせたのである。

彼らは郭の父親の故郷である山西省の霊山・五台山《ウゥタイシャン》の高僧で、郭の直々の命令で呼ばれたそうだが、現代中国の若者が抱く悩みは読経では解決しない。この「対策」は中国のネット上で嘲笑されたうえ、

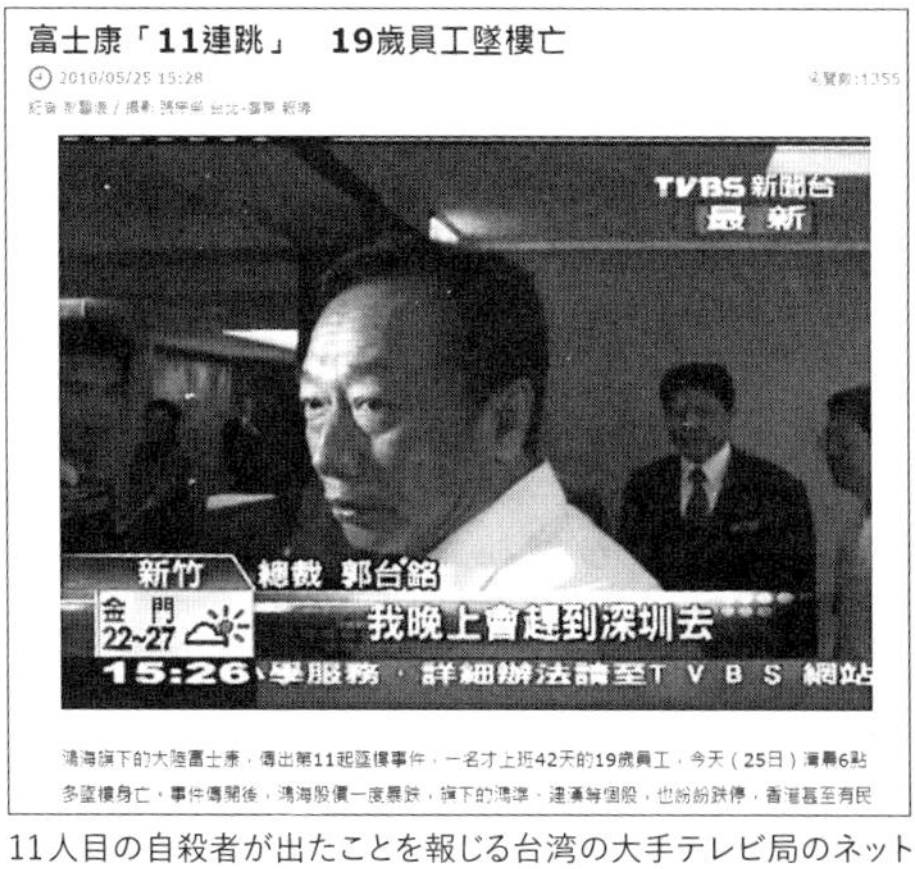
富士康「11連跳」　19歲員工墜樓亡

2010/05/25 15:28

鴻海旗下的大陸富士康，傳出第11起墜樓事件，一名才上班42天的19歲員工，今天（25日）清晨6點多墜樓身亡，事件傳開後，鴻海股價一度暴跌，旗下的鴻準、建漢等個股，也紛紛跌停，香港甚至有民

11人目の自殺者が出たことを報じる台湾の大手テレビ局のネット配信記事

2010年上半期、フォックスコン龍華工場で発生した自殺者リスト（未遂者を含む）

日付時刻	氏名	性別	年齢	出身地	自殺方法及び動機
1月23日 午前4時	馬向前	男性	19歳	湖南省	宿舎から飛び降り。遺族は残業を拒否したことを理由とした暴力的な虐待を疑ったが、検死の結果、虐待の事実は認められなかった。
3月11日 午後9時30分	李	男性	20代		持病により恋人が作れず宿舎から飛び降り（残業代を盗まれたからという説も）。
3月17日 午前8時	田玉	女性	17歳	湖北省	仕事が覚えられず、上司によく叱られる。初任給をもらう前に生活費が尽き「生きることに疲れて」、勤務37日目に宿舎から飛び降りるも未遂。
3月29日 午前3時	劉志軍	男性	23歳	湖南省	宿舎から飛び降り。動機は不明。
4月6日 午後3時	饒楽琴	女性	18歳	江西省	宿舎から飛び降りて重傷。恋人とけんかした直後に飛び降りたため、恋愛問題が動機とみられる。
4月7日 午後5時30分	寧	女性	18歳	雲南省	宿舎から飛び降り。動機は不明。
5月6日 午前4時30分	盧新	男性	24歳	湖南省	招待所から飛び降り。歌手や公務員になる夢を持っていた。フォックスコンの仕事について「お金を稼ぐことはできるが、すべては青春と人生の浪費だ」とブログに書き残す。彼は一般のワーカーではなく、大卒のホワイトカラー社員だった。
5月11日 午後7時	祝晨明	女性	24歳	河南省	宿舎から飛び降り。人工流産の術後のことであり男女感情のもつれが動機とみられる。
5月14日夜	梁超	男性	21歳	安徽省	宿舎から飛び降り。動機は不明。
5月21日 午前4時50分	南鋼	男性	21歳	湖北省	飛び降り自殺。恋愛中の彼女が突然別の男性と結婚したことが引き金か。
5月25日 午前6時30分	李海	男性	19歳	湖南省	飛び降り自殺。遺書には「現実と理想のギャップに悩み、生きていく自信がなくなった」と書かれていた。
5月26日 午後11時	賀	男性	23歳	甘粛省	飛び降り自殺。動機は不明。
5月27日 午前4時	陳	男性	25歳	湖南省	手首を切り自殺未遂。動機は不明。

※喬晋建『覇者・鴻海の経営と戦略』などを参考に作成

法要の翌日に24歳の女性ワーカーが宿舎の9階から飛び降りて死亡したことで、郭の面目を丸つぶれにしただけに終わった。

「私たちの99・99％の従業員は非常に正常で、非常に楽しく、秩序だっている」

その後も自殺とメディアのバッシングが続き、郭台銘は5月26日に深圳の龍華工場内で開いた記者会見で「社会や従業員の家族にお詫びする」と3度頭を下げて陳謝した。工場内に記者団を案内した際に発したのが右の言葉だ。

だが、この日の夜から翌朝にかけても、工場内で23歳の男性が飛び降りて死亡し、25歳の男性が手首を切り重傷を負った。

結果、翌日の台湾証券取引所における鴻海の株価は10・8％も下落する。従業員の離職が相次ぎ、中国のネット掲示板上にはフォックスコン工場のワーカーを名乗るユーザーの告発文が大量に掲載された。香港の週刊誌は、龍華工場の敷地はかつて現地の農民が間引いた赤ん坊の亡骸《なきがら》を遺棄した場所で、「鬼頭潭《グワイタウタームム》」と呼ばれる人食い沼があった呪いの土地なのだと書き立てた。

また、中央政府の温家宝《おんかほう》首相（当時）や深圳市政府もフォックスコンを名指しして改善の指示を下した。郭と鴻海にとってはこの世のなによりも重要な存在である、アップル・デル・HP・任天堂・ソニーなどの大口の顧客たちも、相次いで真相の究明や労働環境の改善を申し入れてきた。

鴻海は、創業以来最悪の社会的批判に晒されたのである。

私自身にもカウンセラーが必要だ

もっとも、鴻海の社会的責任は否めないものの、情状酌量の余地もあった。

なぜなら、13人の自殺（未遂）者のうち過半数は、明らかに労働環境とは直接関係がなさそうな動機で死を選んでいるからだ。例えば以下のようである。

・2人目の20代男性：持病により恋人が作れず自殺（残業代を盗まれたからという説も）。

・3人目の17歳女性：仕事が覚えられず生活費が尽き「生きることに疲れて」自

殺未遂。

・5人目の18歳女性：恋人とけんかの直後に自殺。

・7人目の24歳男性：歌手や公務員になる夢が叶わず人生に絶望して自殺。

・8人目の24歳女性：中絶手術を受けた直後に自殺。

・10人目の21歳男性：恋人が別の男性と結婚して自殺。

・11人目の19歳男性：人生の「理想と現実のギャップに悩み」自殺。

時期を見ると、5〜7人目以降はネットやメディアで話題が沸騰してから自殺している。

一般的に、メディアが不用意に大々的な自殺報道をおこなうと、若者を中心に後追い自殺が起きやすくなる（ウェルテル効果という）。これを防ぐため、自殺をセンセーショナルに扱わない、目立つ見出しを付けない、手法や場所を細かく紹介しない——というのが、先進国における一般的な自殺報道のルールだ。だが、煽情的な記事のためには生き馬の目をも抜きかねない中華圏のメディアに、この手の人道的な配慮は望むべくもない。

傍若無人で失言が多い郭台銘の個性や、私生活上のスキャンダル（第7章参照）に加え、普段から秘密主義的で記者泣かせの企業である鴻海は、もともとメディアから実態以上に悪く書き立てられやすい。

連続自殺の拡大は、人間味に乏しい鴻海の社風を反映する一方で、一種の報道災害の側面があったのも確かだった。

「郭さんは当時、かなりのダメージを受けて本気で悩んでいたようです。『なぜ、こんなことになったのだ』と」

流暢な日本語で取材に応えてくれたのは、龍華工場で生産をおこなう鴻海の主要系列会社、フォックスコン・インターナショナル（現FIHモバイル）で2009年までCOOを務めた、元グループ高級幹部の戴豊樹《たいほうじゅ》（ベン・ダイ）だ。

東京大学で博士号を取得した彼は、1997年に郭のヘッドハンティングを受けてトヨタ自動車グループから移籍して以来、一時はフォックスコンの携帯電話製造のシェアを世界第1位に導く黄金時代を築いたが、やがてノルマの未達成が続いた責任を取って退社を選んだ。郭や鴻海の凄さと怖さの双方を誰よりもよく知る人物だが、その彼をしても連続自殺（未遂）事件の背景については批判的だ。

「例の自殺は、恋愛や人生の悩みなどの個人的な動機を持つ人も多い。もしも、仮に死にたくなるほど仕事内容が自分に合わないと感じたなら、無理をしないで辞めればそれでいいはずじゃないですか」

そのほかにも、台湾新北《シンペイ》市の鴻海本社の近所にある、郭の行きつけの道教の廟《びょう》（信仰施設）・土城順聖宮《トゥチェンシュンシェンゴン》の関係者の証言もある。この施設については後述（第7章参照）するが、多忙な郭が仕事を離れてリラックスするときに立ち寄るお気に入りの場所だ。

「連続自殺事件が発生中のある日、うちにやってきた郭さんはお堂に籠もりきりで、何十分も小声で神様に話しかけ、祈っていた。表情は真剣で、非常に苦悩しているように見えた」

郭は職務の「執行」においては限りなく冷淡で非情な判断を下せる独裁者だ。だが、完全にプライベートな空間では伝統的な価値観を重視する信心深い人物で、彼独自の基準では良心や優しさといった人間的な感情も持つ（第7章参照）。

5月26日の記者会見ではこんなことも言っている。

「昨晩は一睡もできなかった。横になって数分もするとなにか話したいことが頭に浮かび、ベッドから飛び起きた。ストレスは本当に大きく、自分もカウンセラーが必要だと思う」

「ここ数カ月、私が最も怖いのは夜間に電話を取ることだ。またなにか大変な事態が起きたのではないかと怖くなるのだ。どんな従業員に間違いがあったという話も、私は望まないし、そうしたことをもう聞きたくはない」

郭台銘は「失言王」とあだ名されるほど空気を読まない人物だけに、謝罪会見にややふさわしくない率直過ぎる物言いだが、他者の死を前に心のバランスを失った様子は見て取れる。工場に僧侶を呼んだ話からもわかるように、（実際の効果はともかく）彼は彼なりに事態を憂慮して解決を望んでいた。

――ただし問題は、現場における事態の収拾のさせ方であった。

鴻海の社内体制は極めて独裁的で抑圧的だ。管理職に就く部下たちは、世の中や会社全体をよりよく変えていくことよりも、郭や上司から不祥事の責任を追及され、譴責《けんせき》を受けることのみを極度に気にしている。

結果、工場内において取られた自殺防止対策は極めて姑息なものとなった。

死にそうなヤツは解雇すればいい

例えば、連続自殺（未遂）事件が続いていた2010年5月、フォックスコンは従業員の自殺を禁じる「生命を大切にする承諾書」なる契約文書をワーカーたちと取り交わしている。

仮にこれを破って勝手に自殺した場合、親族に認められる損害賠償請求額は1人あたり10万人民元（約130万円）以内にとどめるとしたうえで、会社の名誉を傷つけないことを約束させる文面だった。だが、ワーカーの自殺よりも会社や管理者の責任問題を心配していると見られても仕方がない内容に、中国世論の批判が殺到し、間もなく撤回に追い込まれたとされる。

また、2010年以降は労働契約書のなかに自殺未遂をおこなった者を解雇する項目が盛り込まれ、実際に自殺の兆候が見られた若者をクビにするようになった。2013年には、不眠症で睡眠薬を呑み過ぎて病院に搬送された龍華工場の27歳のワーカーが、「会社を（賠償金目的の狂言自殺で）恐喝した」という理由で解雇処分を受けている。

さらに、製品納入先のアップルと共同で、工場内に「従業員お世話センター」なる悩み事相談窓口を設け、仕事や人生に悩んでいる同僚を第三者が報告できるホットラインも開設した。だが、これらも相談者のプライバシーが守られず、自殺予備軍（＝解雇対象）となる人物を炙り出す事実上の密告制度と化しているという指摘もあり、実態は必ずしも良好なものではないようだ。

そのほかにも、工場内の寮の階段部分に自殺防護ネットを取り付け、飛び降り行為を物理的に不可能な状態にするという「対策」も取られた。結果、ワーカーたちはネットに包まれた鳥カゴのような場所で寝起きすることになった。

（ただし一方で、2010年からは風評を心配する会社側の弱みに付け込み、賠償金を支払わせることを目的にワーカー側が自殺をちらつかせて上司を恐喝するという、中国社会の一筋縄ではいかない複雑さを感じさせる事件も多発している)。

もちろん、まともな対策もなされてはいる。

2010年6月には、労働者の基本給を900人民元(約1万1700円)から大きく引き上げることが発表され、2012年2月には2000人民元(約2万5280円)までアップした。現在の給与はさらに上昇し、一部の工場では新人ワーカーでもおおむね4000人民元(約6万1360円)以上が保証されていると伝わる。

また、1日の残業時間を3時間以内に制限する方針が打ち出され、2交代制のシフトを3交代制に変えて、ワーカーの平均残業時間を月に80時間から60時間まで大幅に引き下げた(ただし、残業代が減って不満を訴える声も出た)。

結果的に、その後5年間のフォックスコンの中国工場全体での自殺件数は、確認された限りでは20件以下にとどまっており、自殺対策はひとまず成功した。

だが、自殺防止契約をはじめとした一部の配慮に欠けた対策は、やはり鴻海グループの社会的評価を下げる結果を生むことになった。

2010年代に入ると、今度は従業員のストライキや暴動がしばしば起きるようになった。

大規模なものでは、2012年9月に山西省太原《タイユエン》の工場で、警備員から出身地をバカにされて殴打されたことに怒った河南省と山東省出身のワーカー2000人が暴動を起こし、武装警察5000人に鎮圧された事件がある（5〜8人程度の死者が出たという説もある）。また、2013年9月には山東省煙台《イエンタイ》の工場で貴州省出身者と山東省出身者のワーカーが対立し、双方の勢力数百人が相互に鉄パイプや刃物を持って武闘に及んだ。

近年の反日デモの例を挙げるまでもなく、中国のローカルな社会においてこの手の暴動や集団蜂起は日常茶飯事だ。工場や炭鉱などの労働者が出身地別に派閥を作って抗争する事件は、100年以上前の清朝の時代からしばしば起きており、フォックスコン側の管理責任をどこまで問えるのかには疑問もある。

だが、社内の風通しが極端に悪く、またワーカーたちと上司や警備員との間で敵対意識や相互不信感が強い環境のなかでは、人間関係の摩擦がより明確にエスカレートしやすいことも確かだろう。

企業という名の独裁国家

鴻海は、企業の業績やビジネスモデルといった商業的な部分以外の面についても、必ずしも「悪い会社」だとは言い切れない部分が多くある。

中国国内にある同社の系列工場では、労働者への極端な搾取がおこなわれているわけではなく、台湾系や中国系の同業他社と比べて、反社会的な性質が特に強いわけでもない。

また、人材についても、鴻海は結果を出している高級幹部に対しては待遇が手厚い。例えば前出の元高級幹部・戴豊樹は現役時代の年収が20万ドル（約２１００万円）を超え、加えてその数倍以上の額面の自社株を与えられていたという。優秀な業績を挙げている社員に、会社がマイホームの購入費を無利子でポンと貸し付けるようなこともある。

本当の意味で仕事がよくできる人や、もしくは社風にちゃんと馴染めたワーカーのなかには、鴻海を「普通のよい会社」であると感じる人も存在する。

トップの郭台銘についても、経営上の判断能力や部下にノルマを達成させる能力はズバ抜けており、実際に郭本人が誰よりも結果を出している。能力のある部下には大盤振る舞いの報酬を惜しまず（この点は日本の「ブラック企業」の経営者との大きな違いだ）、人望もそれなりにある。フォックスコンの労働環境やワーカーたちの自殺や暴動の責任についても、すべてを彼一人に押し付けられない部分がある。

だが、ごく一般的な日本人の感覚に照らせば、鴻海は耐え難い社風の企業だろう。いくら給料が比較的高くても、同じ職場の人間と退勤後に呑みにも行けない工場労働は嫌だ。高圧的な警備員に恫喝《どうかつ》され、毎日ボディチェックを受けるのも気が滅入る。

鴻海におけるホワイトカラーの一般社員も、自由な発想や職場の改善提案はほとんど許されず、上司の命令には絶対服従しなくてはならない。個人の時間はほとんど持てず、一方で職務上の裁量権もほとんどないまま、山のような会議や研修やレポートの提出に毎日追い立てられる。台湾人が優遇されがちとされる社風のもとでは、昇格や昇給のハードルも高いかもしれない。

たとえグループ子会社のＣＥＯやＣＯＯを任されるような高級幹部でも大変だ。毎年、売上高と純利益を30％増やすノルマを達成できなければ、郭台銘や同僚たちから会議のたびに激しく批判され、やがて権限を奪われる。２０１２年には、日本に留学中の娘に会うために休暇を取った謝冠宏《しゃかんこう》という高級幹部がフライト直前に郭の呼び出しを受け、航空機のドアが閉まっていることを理由に降機を拒否したところ解雇された事件も起きている（２０１６年８月、台湾高裁で違法解雇の判決が出たが鴻海側は上告中）。

工場現場における一部の非人道的な管理体制やメディアへの恫喝的な対応は、トップダウンの体制のなかで「上」しか見ていない社員たちが、郭や上司の意向を過剰に忖度《そんたく》して引き起こしたと見られるものが多い。忠誠合戦に陥った中堅幹部たちが指導者の意図を拡大解釈した振る舞いを繰り返して悲劇を招く構図は、毛沢東時代の中国の大躍進運動や文化大革命をはじめ、カリスマ的な指導者が君臨する独裁国家ではよく見られるものだ。

鴻海の企業問題の責任は郭台銘一人には帰せられないかもしれないが、そもそも彼が極端に専制的な組織風土の会社を作っていなければ、一連の問題は起きていないのである。

強権的な支配体制が当たり前の国で生まれ育った人たちならばさておき、わざわざそんな場所で働きたいと考える日本人は少ないことだろう。

鴻海の傘下に組み込まれた今後のシャープがどうなっていくのか。鴻海の社風を調べていくにつれ、やはり不安な思いは胸をよぎる。

第3章　鴻海は中国企業なのか

不気味な中華系企業・鴻海《ホンハイ》

「シャープと鴻海が深圳《しんせん》に共同で研究所（※正確にはシャープの在深圳《シェンチェン》海外総本部）を設立するという話を聞きました。深圳って、あなた知っていますか。中国の人民解放軍の情報収集機関や部隊がある場所ですよ。日本の企業であるシャープが、日本の自衛隊と敵対することになるんですよ。これを怒らずにいられますか？」

「作るならシリコンバレーに作ってください。日本とアメリカは安保条約を結んでいる同盟国ですから。日本に敵対するような商品が中国に行かずに済みます。それができないなら、日本国民のことを考えればシャープは倒産したほうがいい。日本の国の安全のためです」

こちらは２０１６年６月23日、大阪市内で開かれたシャープの株主総会における、ある株主の発言である。「自衛隊と敵対する」という表現の過激さはさておき、鴻海によるシャープ買収のニュースに、この種の不安を持った日本人は意外にも多いようだ。

　鴻海が日本国内でほとんど知名度がなく、ＥＭＳというビジネスモデルも日本の一般消費者にはピンとこない。加えて、多くの日本人が中台間の政治問題について明るくないことが、「不気味な中華系企業」という印象だけを先行させている。

　さらに言えば、現代の日本では中国（中華人民共和国）の印象が悪過ぎる。

　中国は、北京オリンピックと上海万博を成功させた２０１０年頃から国力に自信を強め、尖閣諸島近海や南シナ海で軍事的な挑発行動を繰り返すようになった。こうした覇権主義的な外交姿勢は、２０１２年秋の習近平《しゅうきんぺい》体制の成立前後からより強まった。２０１５年からは合計５人の日本人がスパイ容疑で拘束され、いまだに帰国できていない。

　中国は国防や国内治安維持の面でＩＴを重視している。中国メーカー製のパソコンや携帯電話・スマートフォンアプリなどには、内部にバックドア（遠隔操作機能）が搭載されており、中国にとって重要な情報を世界中の利用者からひそかに収集しているとされる。自国のためなら、人権も国際ルールも通信の秘密も平気で無視できる国だということだ。

私自身を含めて、昨今の中国に不安感を覚えない日本人はほとんどいないだろう。

鴻海は台湾に本社を置いているが、中国で100万人規模の従業員を雇用し、社内に共産党支部を設けるなど、中国の国家体制に肯定的な姿勢を示しているように見える。

また、郭台銘《かくたいめい》は外省人（戦後に中国から台湾に移住した住民）の2世で、中国本土への思い入れが強い人物だとされる。彼個人の政治的な立場は、台湾国内で親中国傾向が強いと見なされがちな中国国民党と近い。

「鴻海は中国企業なんですか？」

「技術流出が心配です。シャープの先端技術を中国共産党に売り渡す気なのでは？」

鴻海の取材を始めてから、日本国内で一般のビジネスマンと世間話をすると、こうした疑問を突き付けられることがかなり多い。

そこで、以下にこれらの問題を整理しておこう。

中国と台湾

まず、「鴻海は中国企業か?」という疑問には「イエス」と答えることが可能だ。なぜなら台湾の正式な国名は「中華民国」だからである。

かつて日本の植民地だった台湾は戦後、南京に首都を置く中華民国に接収された。その後、中国共産党との内戦に敗れた中華民国政府は台湾に統治機構を移転し、中国国民党の一党独裁体制のもとで従来の台湾住民を支配するようになった。同国の実効的な支配地域は台湾島と周辺の島嶼《とうしょ》部だけになったが、彼らはそれでも自国政府が中国全土を代表する政権で、台湾住民を含めた自国民はすべて「中国人」なのだと主張し続けた。

台湾は1990年代の民主化後、この虚構の枠組みを現実的な形に近づけはじめ、自国が中国全土を代表する国家であるという看板を事実上下ろした。現地の最新の世論調査でも、自分を「台湾人」だと考える人が7割強、逆に「中国人」だと考える人は2割強しかいなくなった。いまや台湾は、実際に国家の主権が及んでいる支配領域と、国民の大部分がイメージする自国の領域を一致させた、「台湾国」と呼んでもよさそうな独自の国家に変わっている。

政治のうえでも、中華民国体制の維持や中国大陸との交流の拡大を望む中国国民党（国民党：藍色陣営）と、国家や社会のいっそうの台湾化を望む民主進歩党（民進党：緑色陣営）が政権交代を繰り返している。２０１６年以降の与党は民進党だ。（ちなみに、国民党が現在でもそれなりの支持率を持っているのは、長年にわたり台湾国内の財界や地方の有力者たちと深く結び付いてきた金持ち政党であることと、景気対策の面から対中ビジネスの拡大を望む支持者がいるからで、必ずしも「中台統一」という党の本来のイデオロギーが支持されているからではない。日本で自民党の支持率が高いのとやや近い理由である）。

とはいえ、台湾は現在でも公的な場では「中華民国」の国名を使用している。

一方、中国共産党が支配する大陸側の中華人民共和国も、台湾を中国の一部だとみなしている。日本政府の公式見解も、彼らの主張を「十分理解し、尊重する」という立場だ。「中国」という言葉が指す概念に明確な定義はないが、とりあえず「中華民国」も「中華人民共和国」も、略称は中国である。

そのため、一応の理屈のうえでは台湾を「中国」だと呼ぶことはできる。

ゆえに、中華民国籍の郭台銘が同国内で本社の企業登記をおこなった鴻海についても、「中国企業」だと呼ぶことがひとまず可能である。

（ただし非常にややこしいので、この本のなかで「中国」と書くときは、特に断りがなければ中華人民共和国や中国大陸地域のことを指している）。

しかし、「鴻海は中国企業か？」という疑問を持つ大多数の日本人が欲しいのは、こうした一休さんのトンチのような理屈っぽい答えではないだろう。

彼らが本当に知りたいのは、「鴻海は中国共産党と関係があるのか？」といった問題であるはずだ。

――これらの疑問の答えも、理屈のうえでは一応「イエス」である。

ただし、「それが日本に悪い影響があるのか？」と質問を言い換えるなら、ほぼ明確にノーだ。

密接なコネと恩恵

鴻海は１９８８年の中国進出以来、現地法人のフォックスコンの系列工場を設立するたびに、各地の人民政府と密接なコネを築いてきた。

すなわち、中国共産党の地方組織と仲良くすることで、工場建設の用地確保や製品の通関業務、納税や行政登記、従業員の管理や労働力補充、マスコミ対策といった各面で、恩恵を被ってきたのである。

第２章で紹介した『第一財経日報《ディーイーツァイジンリーバオ》』事件で、フォックスコンは深圳地裁の後ろ盾のもとで批判報道を潰そうと試みた。

２０１２年９月に太原《タイユエン》工場で発生した２０００人規模の暴動をはじめ、ストライキや賃上げデモ・暴動の鎮圧に武装警察や公安の人員が大量投入される例は多い。また、例えば深圳の龍華《ロンホア》工場には敷地内に税関が設置されており、製造済みの製品を空港や港湾に持っていかなくても優先的に通関を受けられる。こうした行政上の優遇処置はほかにも数多くある。

「2016年春に訪れた河南省鄭州《チェンヂョウ》の工場は、水も電気も労働者宿舎もすべて地方政府の負担で、フォックスコンはタダでそれらを利用していました。周辺の警備も地方政府が手配していましたよ」

本書でこれまでにも登場した喬晋建《きょうしんけん》教授の証言だ。現在、鄭州工場はiPhoneシリーズの最新モデルを製造しており、グループ内でも最重要視されている拠点のひとつである。

「当時、フォックスコンはワーカーの人員削減を検討していたのですが、鄭州市政府が補助金8187万人民元（約12・6億円）を支払い、それを止めさせたと聞いています。失業者が増えると大変だというわけですね」

一企業のリストラ防止のために12・6億円の税金が投入されるのである。

仰天すべき話は他にもある。

近年の中国では、人件費の上昇や若者気質の変化によって、安価な単純労働者の確保が困難となる「民工荒《ミンゴンホアン》」と呼ばれる現象が顕著だ。製造業界はワーカーの人手不足に悩まされている。だが、これについてもフォックスコンは地方政府の支援を受けている。

すなわち、地方政府が各地の専門学校生や下級公務員などを半強制的に動員し、「インターン」の名目で、社会保険への加入義務もない最低賃金労働者としてフォックスコン工場に送り込んでいるのだ。インターン生には18歳未満の者や入学前の学生までも含まれている。

英紙『フィナンシャル・タイムズ』が2013年10月24日にフォックスコン側の発表を報じたところでは、前年時点でワーカーの2・7％（約3万2400人）が、こうしたインターン生で占められていたという。また、2011年4月6日付の中国紙『第一財経日報』は、夏季の龍華工場のある生産ラインのワーカー2600人のうちの700〜1000人、同じく昆山《クンシャン》工場のワーカー6万人のうち1万人が、「夏休みのインターン」を名目に働かされている学生だったと伝えている。

そのほかにも、地方政府が貧しい農村に対して公共サービスの提供を制限すると圧力をかけ、村人をフォックスコン工場での労働に徴発することもある。こうした労働者の移送を、なんとパトカーが先導することもあるという。

もはや21世紀の企業のコンプライアンス違反や官民癒着の問題ではなく、万里の長城や始皇帝の陵墓《りょうぼ》の建設のような古代中国の悪政を連想させる行為だ。

一方、フォックスコン側はこうした地方政府の行為を当然視している。

地方政府を恫喝《どうかつ》する強者

「成都《チェンドゥ》工場のワーカーが足りない！　さっさと送ってきたまえ」

「四川省政府はわれわれにワーカーの十分な確保を約束していただろう。われわれの要求を満たせないならば、資本を引き揚げるまでだ！」

2012年4月29日、中国の国家ラジオ局CRIが報じた、フォックスコン本社の人材部門関係者の発言だ。

批判されたのは、約8000万人の人口と日本の国土面積の1・3倍の領域を統治する四川省政府である。フォックスコンはなんと、ヘタな国家よりも巨大な行政単位である彼らを公然と恫喝しているのだ。

鴻海は中国共産党の言いなりどころか、むしろ地方政府や党の地方機関をアゴで使い、彼らを通じて武装警察や公安を動かせる「強者」の立場なのである。フォックスコンが中国各地で受けている極端な優遇処置は、地方政府からの「貢ぎ物」や「忠誠の証」に近い性質を持っている。

この力の源泉はカネだ。

フォックスコンは２００２年から現在まで、中国における企業別輸出額の第１位を占めている。２０１５年においては、中国の全輸出額の３・７％を稼ぎ出した。同国の経済指標の良好化に最も貢献している会社なのである。

また、フォックスコンは全中国で１００万人以上の雇用を吸収している。深圳・鄭州・成都など、単独で数十万人を雇用する拠点も多い。工場の出現は、新たにひとつの街が生まれるのに等しく、周辺のホテルやレストランや雑貨店などへの経済効果も計り知れない。

フォックスコンの工場は、地域経済にとって「カネのなる木」だ。

地方政府にしてみれば、いかなるインセンティヴを付けてでも誘致し、地域に定着してもらいたい会社なのである。

もっとも、地方政府の度を超えた優遇ぶりは、必ずしも地域の人民の暮らしを豊かにすることを目的としているわけではない。

フォックスコンの円滑な商業活動に、中国各地の行政担当者のクビや出世が懸かっているからだ。

１９９０年代以来、中国共産党は国家の経済発展を重視する方針を採ってきた。地方の党幹部に対する人事評価でも、統治地域のＧＤＰ成長率や経済規模の拡大が最も重要な基準だった。

つまり、行政担当者が数字のうえで地域を豊かにすればするほど、出世が約束されるシステムなのだ。この目的の達成のためには、無意味な公共事業を連発することや、フォックスコンのような大企業の工場を誘致することこそが最も効果的な手法となる。

経済発展一辺倒の人事評価システムは２０１３年に見直されたが、現在でも「統治地域を不況にさせない」ことは地方幹部の課題だ。また、失業率を悪化させないことや、デモや暴動を早期に鎮圧して社会の不安定要因を増やさないことも、やはり彼らの出世にあたって重視される問題である。

フォックスコン工場の水道代や電気代を税金で負担し、多額のリストラ防止費用も税金から支払い、民草《たみくさ》を半強制的に動員して最低賃金のワーカーに仕立て上げたところで、別に自分の懐《ふところ》は痛まない。むしろ、他人のカネや労働力を使って自分の出世の道が開けるならば、大いに使うべきであろう――。

中国の地方幹部たちの考え方は、おおむねこんなところである。

鴻海と地方政府との関係は確かに密接だが、両者の蜜月《みつげつ》を支えているのは「カネと出世」という生々しい欲望だ。

すなわち、反日や愛国主義や共産主義といった一銭のカネにもならない馬鹿げたイデオロギーとは最もかけ離れた、冷酷で合理主義的な中国ビジネスのリアリズムのみで貫徹された関係なのである。

社内に中国共産党委員会がある理由

「鴻海は中国大陸において地方政府との関係は強いが、北京の中央政府とのパイプはさして強くないだろう」

20年近く鴻海を追いかけている台湾の経済誌『今週刊《ジンヂョウカン》』のベテラン編集者・林《りん》宏文《こうぶん》はそう話す。

おそらくこれは事実だ。中国共産党の上層部は常に内部で権力闘争を続けており、絶大な力を持った大物政治家でも、政変に負けるとあっさり失脚する。また、江沢民《こうたくみん》・胡錦濤《こきんとう》・習近平《しゅうきんぺい》とトップが代わるたびに、彼らの寵臣が引き立てられて重要なポストに就くため、それまでコネを築いた相手が権限を持たなくなることも多い。失脚した「○○派」の御用商人だと思われることで、かえって商業活動のマイナスになる可能性さえある。

鴻海のビジネスから見れば、長期的に見て権力や影響力の継続性が弱い党の最高権力層の一部にヘタに肩入れするよりも、地方と持ちつ持たれつで実利的に結び付くほうが明らかに得なのだ。

ちなみに郭台銘はかつて重慶市に工場を展開した際に、当時の市党委書記（市のトップ）だった薄熙来《はくきらい》に接近したことがある。薄は露骨に国家指導者の地位を望む野心家だったが、決断力に優れた経済通としても知られ、日本の財界からも高く評価されていた剛腕政治家だ。だが、やがて2012年春に権力闘争に敗れて失脚し、一族や部下たちが大量に逮捕・拘束されることとなった（薄熙来事件）。

しかし、この事件の後も、フォックスコンの中国国内での地位や重慶市との関係が極端に悪化した様子はない。やはり郭と中国共産党の関係は、党内の派閥や有力政治家個人に食い込んでいるというよりも、地域でビジネスをおこなうために現地の行政機関（＝党の地方組織）と実務的に付き合う形を取っているのだろう。

郭は、台湾の国民党の指導者の訪中に同行して胡錦濤や習近平と何度か会ったことがあるが、こちらも日本のパナソニックやトヨタの経営陣が首相の中国訪問についていくようなもので、郭と彼らとの個人的なつながりを示しているとは限らない。

また、郭は中華圏のメディアからゴシップのネタにされやすい人物にもかかわらず、彼と人民解放軍とのつながりを指摘する台湾や香港の報道は皆無だ。日本の世論の一部で懸念されているような、中国軍部とのつながりは噂レベルですら存在しないと考えていい。

ちなみに、鴻海は台湾企業にもかかわらず、中国法人のフォックスコンの社内に中国共産党委員会の組織を持っている。

中国における党委員会は、国有企業や地方行政機関はもちろん、民間企業や学校・病院・社区《シェーチュイ》(町内会レベルの地域単位)など中国社会のあらゆる組織内に存在し、「党による指導と監督」をおこなっている。すなわち、国内のあらゆる組織を中国共産党の統制下に置くことを目的として設置されている機関だ。

……ということは、フォックスコンはやはり中国共産党の指揮下にある組織だと言えるのではないか?

そんな疑問も浮かぶが、こちらについては第2章に登場した同社のグループ企業の現役社員・張立命《ちょうりつめい》に説明してもらおう。ちなみに張は中国の現体制に対して比較的リベラルな思想の持ち主で、鴻海への忠誠心も薄い人物である。

「党委員会は政府の要望を受けて一応作ってあるだけで、実質的な権力や影響力はほとんどありません。地方政府とのパイプを強めて、法的な便宜を図ってもらったり、税金の投入や労働力の提供といった、公共資源を融通してもらったりするための、実利的な目的で存在しているだけです。中国において、政治は商売に利用するためのものでしかない。特にフォックスコンという会社は、商売にしか関心がないですよ」

フォックスコン内部の党委員会の活動が極めて低調であることは、喬晋建《きょうしんけん》『覇者・鴻海の経営と戦略』でも指摘されている。

やはり鴻海は、中国共産党の政治的な意向に大きく左右される企業とは考え難い。

「赤い台湾企業」は存在する

ちなみに、台湾の大企業のなかには中国共産党の影響下にあるとみていい会社もある。その代表例が、郭台銘としばしば台湾ナンバーワン富豪の座を争っている大富豪・蔡衍明《さいえんめい》が率いる旺旺《ワンワン》（ＷＡＮＴ　ＷＡＮＴ）グループだ。

食品事業を中心に扱う旺旺は、連結売上高の約9割を中国市場に依存している。２０１３年4月27日付の英誌『エコノミスト』によれば、２０１１年に同社の中国法人が中国政府から受け取った補助金は４７００万ドル（約37億５１００万円）で、純利益の11・3％に及ぶという。

そのためか、旺旺は北京の中央政府と明確なパイプを持ち、中国共産党による台湾への政治的な取り込み工作を事実上手助けするような行動を見せることが多い。

例えば2008年、蔡は中国共産党の対台湾工作部門のトップである王毅《おうき》（現・外交部長）と連絡を取り合ったうえで、リベラル色が強かった台湾の大手紙『中国時報《ヂョングォシィバオ》』と系列テレビ局を買収し、これらの論調を対中国協調路線に転換させた。台湾の国内報道は、この買収資金の一部が中国側から拠出されたと伝えている。

さらに2009年、蔡はグループの傘下メディアとして、極端な親中国論調を取る『旺報《ワンバオ》』を創刊し、中国共産党の主張をそのまま台湾社会に伝える役割を担うようになった。2012年には、尖閣諸島の領有権を主張する台湾宜蘭《イーラン》県の漁民団体にポケットマネーから活動資金を拠出したこともある。結果、出港した抗議漁船団は尖閣諸島の周辺海域に接近し、これを阻止しようとした日本側の海保巡視船と激しくやり合うことになった。

蔡は明らかに、通常の企業家の範囲を超えた政治活動に手を出している「政商」だ。

一方、2010年の鴻海の株主総会で蔡衍明の行動への感想を尋ねられた郭台銘はこう答えている。

「私はメディアの買収を手掛ける気はないな。蔡さんのようなことはやらんよ」

事実、郭台銘は中国の要人に会ったり、2012年の台湾総統選挙の際に（郭が支持する国民党支持層が多い）中国駐在中の台湾人幹部の帰国投票をうながすために航空チケットを100枚以上購入してプレゼントしたり、2014年に台北で発生した経済の過度な対中接近に反対する学生運動（ヒマワリ学運）を、

「民主主義でメシは食えない」

と評してメディアに叩かれたりはしているが、蔡のようにビジネスを度外視して露骨に政治的な動きを見せる例はあまりない。鴻海の忘年会では巨大な中華民国国旗の掲揚と民国国歌の斉唱がおこなわれるが、これも中華民国体制や国民党に対する郭の親しみを示すにとどまっている（ちなみに同社の最高幹部層のなかには、国民党と対立する民進党の支持者も何人かいる模様である）。


鴻海は中国ナンバーワンの輸出企業であり、中国国内で膨大な中国人を雇用して

いるものの、主要な顧客の多くはアップルやデルをはじめとした欧米圏や日本の企業だ。鴻海の売上は中国市場には依存していない。

中国の一般消費者向けマーケットから儲けの大半を得ている旺旺と異なり、鴻海が中国を儲けさせてやる側の会社であることも、両社と中国共産党との関係の違いとして表れているのだろう。鴻海はむしろ、中国共産党が足を向けて眠れないありがたい相手なのだ。

——鴻海は中国共産党より「強い」のかもしれない。これはこれで不気味な話である。だが、少なくとも政治的な問題についてだけ言えば、鴻海は日本人にとって危険なイデオロギーを持っている会社ではないと判断していいはずだ。

先端技術の流出はあるか

一方、鴻海のシャープ買収について、日本人がしばしば懸念を示すのが技術流出の問題だ。

2016年2月11日付の『日本経済新聞』によると、同紙の電子版読者の33・1%

が、鴻海からの買収を前にしたシャープの経営再建問題について「液晶パネルの技術が海外に流出しないこと」を望むと回答している。

記事中において紹介されているのは、「知的財産に関わるコアな部分は、今後の日本経済にとって重要だから、何としても守るべき」（35歳、男性）という意見だ。

とは言え、いざ詳しく調べてみると、大手新聞やビジネス誌などで技術流出の問題に具体的な懸念を示した記事はそれほど多くない。むしろ目立つのは以下のような論調である。

〝技術流出？　もうそんなことを言っている時代ではない。日本が世界から『技術立国』と言われ、資金がある時代ならばともかく……。いまや技術の種類によっては、中国や韓国、台湾メーカーに抜かされている〟

（「台湾鴻海傘下へ『シャープよ、どうしてこうなった』」『週刊朝日』２０１６年2月26日号）

『週刊朝日』に掲載された、56歳のシャープの現役幹部の談話だ。

ほか、元日経新聞記者で、『会社が消えた日　三洋電機10万人のそれから』（日経BP社）などの著書があるフリージャーナリストの大西康之は以下のように述べている。

〝日本では、ホンハイがシャープを欲しがる理由を「液晶事業」とする解説が多いが、これはあまり正確ではない。液晶事業そのものはホンハイ子会社の群創光電（イノラックス）という子会社で手がけている。おまけにシャープの液晶工場は、この4年間、まともな設備投資をしてこなかったせいで、かなり時代遅れになっている。つまり、「ホンハイはシャープの液晶技術を欲しがっている」という見立ては、とんだ見当違いということだ。

革新機構を所管する経済産業省が公的資金を使う口実として「技術流出」を口にするが、実態をよく見れば今のシャープの液晶事業に流出して困るような技術はほとんど残っていない〟

（大西康之「鴻海テリー・ゴウが描くシャープの『使い道』」『日経ビジネスオンライン』http://business.nikkeibp.co.jp/atcl/report/15/110879/022500264/）

この技術流出説は、民間企業であるシャープの救済のために税金の投入を検討する立場だった官民ファンドの産業革新機構（第8章参照）や経済産業省が、納税者の理解を得るためにおこなった主張が出所なのである。

別の知見を紹介しておきたい。『日本の電機産業に未来はあるのか』（東洋経済新報社）などの著書がある電機アナリストの若林秀樹が、6月3日付の『毎日新聞』紙上で語った談話だ。

〝外資傘下に入る弊害として技術流出が進むと指摘されていた。しかし今回、シャープの液晶技術の流出はないだろう。（略）2012年から鴻海とシャープは堺市の液晶工場を共同運営しているが、業績は大幅に改善し、リストラや技術流出はない。さらに、鴻海は電子製品の受託製造（EMS）としてアップルなど特定顧客の製品を多く取り扱う。当然その先進技術は鴻海に伝わっているはずだが、流出など聞いたことはない〟

（「論点　シャープ再建問題」『毎日新聞』大阪朝刊　2016年6月3日）

ちなみに、コンビニなどに置かれているシャープ製のデジタル複合機の技術については、特許技術をリコーやキヤノン、富士ゼロックスなど国内メーカー同士で相互利用しているため、今後、日本の国内他社と鴻海との間でライセンスを巡るトラブルが起きる可能性がある。

ただし、逆に言えばそれ以外の分野で、技術流出に関するシャープ側の懸念要因はそれほど多くないということだ。

余談ながら、シャープの有能な技術者の流出には当の鴻海も頭を痛めており、買収契約の成立後に退社希望者が続出したことについて、郭台銘は「去るべき者は去らせよ」「腐った卵を産む鶏は、場所や飼い主を替えても決してよい卵を産まない！」と、苛立ちを露わにしている。

鴻海を「中国企業」と呼ぶことは理論上は可能であり、彼らは中国共産党と特殊な関係を築いてもいる。

だが、それは日本国民に直接的な被害を与えるような性質のものではない。もちろん、学生や農民の半強制労働を黙認する鴻海の企業姿勢は道義的に許されるのか、そんな会社の傘下に入るシャープの社員は精神的に疲弊しないのかといった問題や懸念は存在するが、少なくとも政治的な面での心配はない。

同じく技術流出についても、世間で心配されるほどの大きな問題にはなり得ない。特に中国への流出に関しては、台湾資本のＥＭＳ企業である鴻海が、彼らが最重要視する「機密保持」という顧客の信頼の源泉を損なうリスクを冒してまで、政治的目的ゆえに中国当局に先端技術を譲り渡す可能性はかなり低い。

（加えて杞憂を打ち消しておけば、シャープの独自技術の軍事転用についても、筆者が幹部自衛官など安全保障分野のキャリア公務員複数に尋ねた限りでは、大きな懸命はなされていない。内閣の国家安全保障会議でも深刻視する声は少ないようである）。

さまざまな事実から見えてくるのは、そんな拍子抜けのする答えなのである。

第4章　郭台銘の原点、貧困の時代

郭台銘のルーツとは

台北地下鉄府中《フゥヂョン》駅を降りて地上へ出ると、こぢんまりとした街並みが広がる。市の中心部から6キロほどしか離れていないが、河を1本渡った先にあるこの街には、はやくも鄙《ひな》びた風情が漂いはじめていた。

板橋という土地である。かつて地元で枋橋《パンキョ》と呼ばれていたのが、やがて日本統治時代に板橋《いたばし》に改められた。戦後は標準中国語の発音で「板橋《バンチャオ》」となっている。

駅の出口から交差点を渡り、商店街を200メートルほど北に歩く。五差路とともに巨大な牌坊《パイファン》（中華風の門）にぶつかった。周囲は名刹《めいさつ》古廟《こびょう》の門前町《もんぜんまち》ならではの賑わいで、路地裏には屋台が多く出ている。いかにもローカルな台湾人の日常を感じさせる場所だった。

板橋慈恵宮《バンチャオツゥフイゴン》。

ここに鎮座するのは、華南文化圏で信仰されている海の女神・媽祖《まそ》を祀《まつ》った3階

板橋の街並みに面した慈恵宮の側面

慈恵宮の内部。郭が育った部屋は写真右手の場所にかつてあった
（現在は取り壊して本堂が拡張されている）

建ての巨大な廟《びょう》（道教の信仰施設）だ。土着の多神教の信仰施設、という意味では日本で言う神社に近い存在だが、もちろん神社よりも圧倒的にゴテゴテとした装飾が多くて中華風味である。

廟の周囲には数えきれないほどの赤い灯籠が吊るされ、正面の入り口には見事な2本の龍柱《りゅうちゅう》が立つ。天に昇る龍をあしらった精緻な彫刻だった。そこには、こんな金文字が記されていた。

癸未年仲秋
信士
郭台銘
林淑如
郭守正
郭暁玲
敬献

2002年当時の郭一家の名が刻まれた、慈恵宮内の龍柱

郭台銘《かくたいめい》と今は亡き前妻、その息子と娘の名である。台湾でトップクラスの資産を保有するミリオネアファミリーだ。

――そろそろこの廟の種明かしをしよう。

ここは66年前に郭が生まれ、幼少期を過ごした場所なのだ。詳しくは追って述べるが、中華民国の警察官だった彼の父・郭齢瑞《かくれいずい》は、かつて台北県板橋鎮（現新北《シンペイ》市板橋区）のこの廟内の一室に家族とともに間借りをしていた。郭台銘もまた、そんな暮らしのなかでこの世に生を受けたのだった。

慈恵宮内。このあたりに過去あった部屋で郭は出生

矛盾に満ちた個性

「従来はコンクリートづくりだった柱を、2002年に現在のような形に作り替えることになった。その際、以前の郭台銘さんの同級生だった住民が、地元の出身者だから相談してみようって、彼に寄付を頼もうと思いついたんだ」

そう話すのは当時、慈恵宮の主委《チュウウェイ》（日本の神社でいう氏子《うじこ》代表）を務めていた曹《そう》盛浴《せいよく》だ。地元出身の植民地世代の老人で、カタコトの日本語で「ワタシは昭和11年生まれ」と話す。壮年時代には当時の板橋市議も務めた街の名士である。

「姉の郭台平《かくたいへい》さんを通じて相談したところ、なんと郭台銘さん本人に話が通った翌日に、ポンとお金が来た。話が早くて逆に驚いたくらいだよ。2本で100万台湾元（当時のレートで約350万円）の大盤振る舞いだった」

しばしばプライベート・ジェットで関西国際空港に乗り着け、巨額の資金でシャープを買いあさった郭の姿に、日本では「銭ゲバ」「成り金」といった派手で品のないイメージが持たれることも多い。

だが、実のところ郭はカネの使い方にかなり大きなメリハリがある人間で、仕事と無関係な出費が少ないことで知られている。追って述べていくが、彼の普段の消費は「吝嗇《りんしょく》」と言っていいような慎ましさだ。

「郭台平さんは最初、『弟（＝台銘）への寄付のお願いは多いけれど、普通は断っているんです』と話していた。だが、うちの慈恵宮は彼の一家にとって特別な場所だし、地域での公益性もあるということで寄付をしてくれたようだ」

郭がポンと寄付金を出したのは、「生家」への思い入れに加え、乳癌が見つかったばかりの当時の愛妻・林淑如《りんしゅくじょ》の快癒《かいゆ》を願ったことも大きかったらしい。林夫人は治療の甲斐なく3年後の2005年に逝去したが、板橋の慈恵宮は現在もなお郭にとって特別な場所であり続けている。

「年に何回か、郭さんは今の奥さん（曾馨瑩《そうけいえい》）との間に生まれた小さな子どもたちを連れてお参りに来られますね。特に旧正月の年越しのときは毎年来られます。一昨年はほとんど一家総出でしたよ」

廟の職員の女性はこう話す。すなわち郭本人に加え、母の初永真《しょえいしん》（初永貞とも）、前妻との長男の郭守正《かくしゅせい》とその妻、長女の郭暁玲《かくきょうれい》と、さらに現在の妻の曾夫人とその子二人という家族の揃い踏みだった。ちなみに郭と曾夫人には第3子の女児もいるが、当時1歳になったばかりなので連れてこなかったらしい。

彼らのうちで、後に母と現妻と長女（当時間もなく7歳）は、2016年4月に郭がシャープとの買収交渉に調印した際にもプライベート・ジェットで日本に同行している。郭は交渉成立の翌日、多忙な日々のなかで1日のオフをもうけ、彼らとのんびり京都旅行を楽しんだ。

この板橋慈恵宮から垣間《かいま》見えるのは、「梟雄《きょうゆう》」（＝残忍で荒々しい人物）郭台銘のもうひとつの顔だ。65歳の郭は、おそらく日本の同年代のエグゼクティヴたちの大部分をはるかに上回る水準で、家族を非常に大事にしており、しかも信心深い人間である。

もっとも、それゆえに郭の矛盾に満ちた個性は際立つ。

・部下たちにはプライベートの時間をほとんど与えず馬車馬のように働かせながら、自身は実母や妻子との時間をなによりも重視する。
・使えない者を容赦なく切り捨て、中国人ワーカーたちの連続自殺や暴動すらも招くほどの厳格な社風を敷いておきながら、前妻の健康不安の際にはなりふり構わず神頼みする。

・デジタル化する現代世界の最先端ツールであるスマホやタブレットの製造を担いながら、土着的でアナログな信仰の世界に心の拠りどころを求める。

・台湾で最大の資産を保有する大富豪でありつつも、道観（道教の寺院）の片隅の借り暮らしの部屋で生まれ育ち、その時代の記憶を隠そうともしない。

本当に不気味な相手とは、その正体をまったく理解できない存在のことだ。現在、郭台銘が多くの日本人を戸惑わせ、しばしば畏怖や警戒の対象となっているのは、彼のつかみどころがない個性に由来している部分も大きい。

この「不気味」な男は、いかなる環境で生まれ育ったのか。そして、いかなる人格を形成し、どのようにして「現代のチンギス・ハン」への道を駆け上っていったのか。

本章からは彼の人生の足跡と、鴻海《ホンハイ》の拡大の経緯をたどっていくことにしよう。

父の故郷・中国山西省への思い

郭台銘が板橋の慈恵宮で生を受けたのは、1950年10月8日である。

父は中華民国山西省南部の沢州県《ゼェヂョウ》（現中華人民共和国山西省晋城市《ジンチェン》沢州県）南《ナン》嶺《リン》郷葛万《グゥワン》村出身の郭齢瑞、母は山東省煙台《イエンタイ》市出身の初永真だった。ちなみに父は中国大陸にいた頃は「郭愛物《かくあいぶつ》」と名乗っており、どうやらこちらが本名らしい。

山西省は中国中北部の内陸地帯にあり、父の故郷の葛万村から直線距離で40キロほど南には黄河が流れている。

中華文明五千年の歴史を育んだ黄河は、特に北方地域出身の漢民族にとっては「母なる河」だ。黄河流域にルーツを持つ人には、特に濃厚な中華民族意識を持つ人物も多い（例えば、愛国主義的な姿勢が強い中国の現指導者の習近平も、やや上流地帯の陝西省富平《フーピン》県が父の故郷で、演説などでしばしば黄河文明に強い愛着を示す発言をおこなっている）。

――郭台銘の幼少期を語る前に、まずは彼の地縁や血縁を確認しておこう。

漢民族は日本人と比較して自身のルーツにこだわる傾向が強い。特に前近代的な価値観が強い世代の人たちは、自分が別の場所で生まれ育っていても父祖の故郷（「祖籍《そせき》」と言う）に愛着を持ち、祖籍地の出身者や同じ姓の人間に格別の親しみを示す。自身の一族の血統が歴史上の偉人に発していることを、人生における自己肯定感の源泉にしている人も多い。

郭自身もまた、こうした昔気質《むかしかたぎ》の中華文化を色濃く漂わせた素顔を持つ人物だ。

郭は鴻海グループが中国に初進出した

家系図

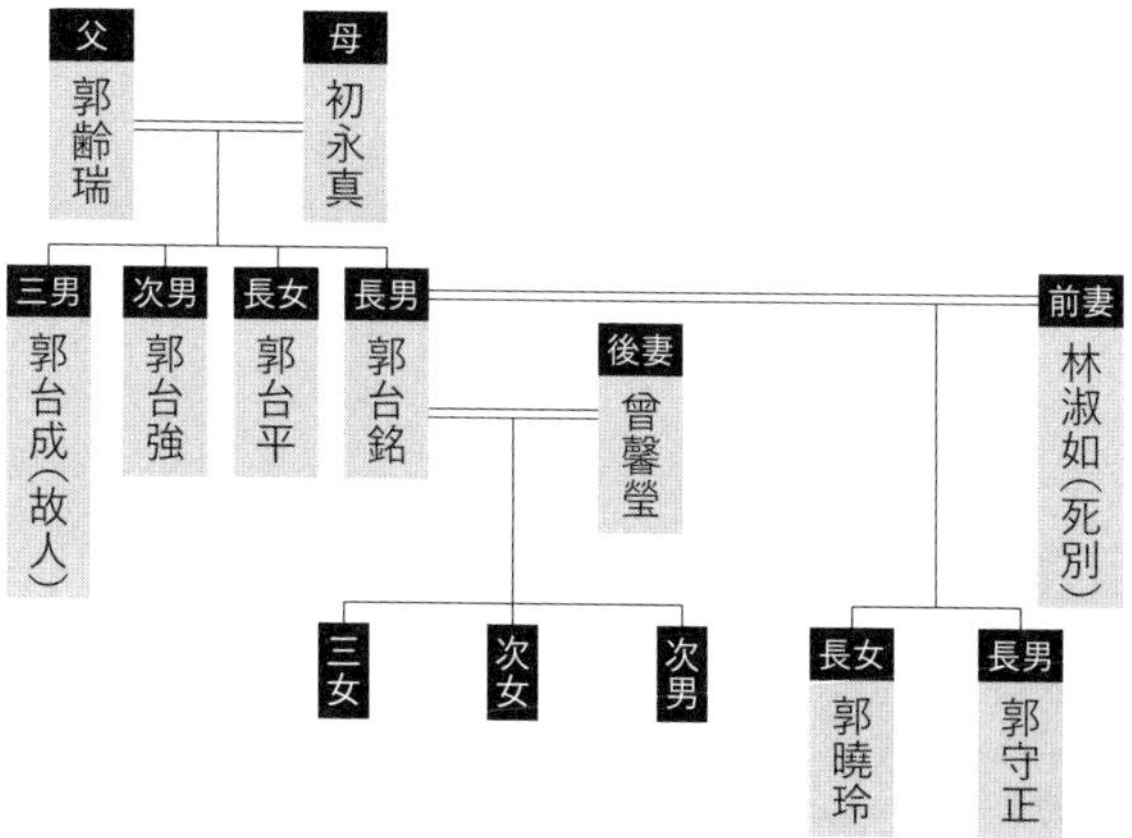

※郭台平は郭台銘の姉にあたる

翌年の1989年に、まだ存命していた父を連れて初めて山西省の地を踏んだ。以来、父の没後も定期的に「故郷」の葛万村を訪れ、学校や橋を建てるために多額の寄付をおこなってきた。

台湾の経済誌『天下雑誌《ティエンシャーザァヂー》』(2011年4月13日号)によれば、郭が葛万村に投じた金額は2011年までだけでも2億人民元(約25億円)に達するという。

1999年当時は交通の便にも人材にも恵まれていなかった晋城市にフォックスコンの大工場を建設したり、2006年に現地に1億ドル(約116億円)を投じて映画村を造らせたりしたのも、父祖の「故郷」の民への恩返しの意味が強い。

郭は「私は仮に自身の投資に失敗したときは、どの場所からも去れるだろう。……ただし山西省を除いては」と、彼には珍しくソロバン勘定を度外視して、現地でのビジネスに個人的な思い入れを反映しているようだ。ちなみに2010年6月26日付の英紙『デイリー・メール』によれば、晋城市の工場建設は当時の時点では「採算に合わない」と周囲の声があったが、郭が反対を押し切ったという。

郭一族の系譜

「わしらにとって、郭台銘さんは皇帝陛下みたいなもんですよ」

こちらも『デイリー・メール』が紹介する現地の村人の声である。郭は彼らの間で「及時雨《きゅうじう》」（必要なときにいつでも助けてくれる好漢。中国古典『水滸伝』の主人公・宋江《そうこう》のあだ名である）と呼ばれ、内陸部の貧しい村の暮らしを救った英雄として非常にありがたがられているようだ。

郭台銘の遠い祖先は、8世紀の安史《あんし》の乱の鎮定に功績を立てた唐王朝の名将・郭《かく》子儀《しぎ》だと伝承されている。

（2015年12月2日付の現地紙『山西晩報《シャンシーワンバオ》』が報じた、一族の歴史書『郭氏家譜《グォシージャープゥ》』の記述と、父の郭齢瑞（本名・郭愛物）の縁者と思われる現地の古老・郭愛民《かくあいみん》の生前の証言による。この手の言い伝えは客観的に検証できない場合が多く、報道中でもやや疑義を呈する意見が記されているが、ひとまず事実だと仮定しよう）。

郭子儀の祖先は、6世紀の王朝・西魏《せいぎ》や隋《ずい》の支配階層「関隴《かんろう》集団（武川鎮軍閥《ぶせんちん》）」に属していた武人の一族だ。関隴集団には北方民族の鮮卑《せんぴ》族が多く混じっていたので、「現代のチンギス・ハン」郭台銘の千数百年前の祖先は、もしかすると本当にモンゴル高原で暮らしていた人々かもしれない。ちなみに仮に漢民族であれば、ほとんど神話に近い話になるが、その祖先は紀元前の周《しゅう》王朝の王族までさかのぼるとされる。

一方で、郭子儀の末裔《まつえい》とされる郭徳広《かくとくこう》という人物が、葛万村の郭一族の直接の始祖だ。こちらは比較的信頼がおける話らしい。『郭氏家譜』によると、14世紀頃に村に定住した徳広の子孫は郭州《かくしゅう》・郭文進《かくぶんしん》・郭朝陽《かくちょうよう》……郭貞芳《かくていほう》・父の郭愛物と続き、郭台銘は始祖から数えて20代目の子孫にあたる。

葛万村は海抜１０００メートルの山里だ。現在は人口５００人あまりで、その9割以上が郭姓の人たちだという。村人たちは、一族から出た「天下人」をなにより の誇りとしている。

抗日宣伝活動をおこなった父

そんな葛万村で、郭台銘の父の齢瑞が生まれたのは１９２２年である。２００２年に彼が死去した際に、末の弟が記した追悼文によると、愛賢《あいけん》・愛物（＝郭齢瑞）・愛群《あいぐん》の３兄弟の次男だった。齢瑞が８歳の頃に母が没したため、家族は祖父と父と兄弟という男ばかりの５人であり、父が一人で家計を支えていたという。

男性の地位が高い旧時代の中国社会にもかかわらず、祖父や父が後妻をもらわなかった点を見ても、経済的に豊かな家庭ではなかったはずだ。齢瑞は15歳のとき、家庭環境ゆえに学費が払えず２年間休学し、17歳で隣村の犁川《リィチュアン》鎮高級小学校（小学校高学年程度の教育をおこなった当時の初等教育施設）に入学している。

ちなみに、当時の山西省は閻錫山《えんしゃくざん》という軍閥将軍の支配地域だ。閻は対外戦争を好まず勢力範囲の地盤固めを重視した人物だったので、齢瑞の少年時代は少なくとも戦乱とは無縁だった。だが、１９３７年７月に勃発した盧溝橋事件と、それに伴う日中戦争の拡大が齢瑞の運命を変えていく。

齢瑞は1941年に19歳で県立中学に進んだが、翌年に学校のある場所が日本軍に侵略されたため、隣の陝西省にあった戦災被災学生向けの補習学校に転校した。やがて故郷を占領した日本軍への怒りから、他の若者とともに軍事訓練を受け、抗日宣伝活動に参加するようになった。一連の教育や活動のなかで中華民国の愛国イデオロギーを叩き込まれた齢瑞は、いつしか国民を守る警官になろうと考えるようになる。

戦後、齢瑞は中央警官学校の西安分校で学んでから、巡官《じゅんかん》（後述）として山東省に赴任し、同地出身の初永真と結婚した。


戦争が終わってひとまず安定した仕事に就き、家庭も持った。だが、そんな郭齢瑞を襲ったのは、まったく予期せぬ周囲の環境の変化だった。

——中国共産党との内戦に敗れたことで、中華民国の統治体制が崩壊したのである。

結果、中国国民党と中華民国政府は、日本の植民地から返還されたばかりの台湾に政府機能を移転した。

王朝時代以来の大量の文物をたずさえ、主要な政治家・学者・資本家、さらに兵士や警官・公務員らとその家族、そして社会主義政権の成立を嫌った一般人の避難民などの「旧《ふる》い中国」に親しむ人たちが、めいめいに台湾に向かう船や飛行機に乗り込んだ。

中国共産党の支配を恐れて台湾に逃げ込んだ人々は、やがて現地で「外省人」と呼ばれた。亡命当初の一般の外省人の境遇は悲惨だった。

〝通りを見回せば、行くあてのない怯えた顔の難民たちがひしめき合う。五月の高雄は異常な暑さだったが、難民たちの衣服といえば破れたぼろシャツしかなく、脱げばみっともない裸を曝《さら》すことになり、身につければつけたで綿がまとわりついて不快だった。夕立が来る。埠頭で暮らす人々はハチの巣をつついたような騒ぎになるが、雨宿りする屋根などそもそもどこにもなく、いっそ地面に座り込んで激しい雨に身体を任せる〟

（龍應台著　天野健太郎訳『台湾海峡一九四九』白水社　ルビは筆者）

台湾の人気作家・龍應台《りゅうおうたい》の母が台湾南部の高雄港《ガオション》に上陸した当時の様子だ。おそらく、1949年頃に台北に近い基隆港《ジーロン》にやってきた郭齢瑞たちも似たような光景を目にしたはずだろう。

故郷を失った亡命者の群れは、見知らぬ南の島の港で誰もが暗い顔をしていた。

「敗残者」の子に生まれて

「中華人民共和国は1949年に成立したが、私が台湾で生まれたのはその翌年だ。私の世代は歴史について思うところが多いが、わが家においては特にそうだった」

郭台銘は台湾誌『天下雑誌』の取材を受けた際に、人生をそう振り返っている。

郭が板橋で生まれた1950年は、東アジアの冷戦体制がほぼ固まり「戦後」が始まった時期だ。偶然ながら、台湾の前々総統（2000～08年）の陳水扁《ちんすいへん》や前総統（2008～16年）の馬英九《ばえいきゅう》も、郭と同じ年に生まれている。日本の植民地統治の終了と中華民国の政府移転によって、台湾が従来とはまったく違った歴史を踏み出したことを象徴する年だった。
　台湾移住の当初は基隆港務警察局に配属されていた郭の父は、間もなく台北県に転属となり、板橋の慈恵宮に住み込むこととなった。台湾移住の前後に長女の郭台平が、翌年に長男の郭台銘が、さらに3年後に次男の郭台強《たいきょう》が生まれた。やや遅れて1961年、末子の郭台成《かくたいせい》が出生している。

「外省人の警官には威張りくさった連中も多かったが、齢瑞さんは中級幹部の『巡官』だ。下っ端警官どもとは他者への態度がまるで違っていたな。彼は親切なよい人で、地元でも『高脚郭《ルーガーグイ》（足長の郭）』

郭台銘の父母
出所：趙専正（主編）『郭台銘与故郷』山西人民出版

のあだ名で親しまれていた」

前出の曹盛浴は、齢瑞の人柄をこう回想する。「巡官」とは、日本の警察に置き換えるとおおむね警部補に相当する地位だ。「足長の郭」というふたつ名は、やがて郭台銘にも遺伝する長身ゆえにつけられたようである。


一方、中華民国の台湾移転と文化を異にする大量の中国人避難民の流入は、台湾社会に悲劇と混乱を招いていた。

当時の台湾にはすでに、過去50年間の日本統治を経験した人口約600万人の台湾人（本省人）が暮らしていた。なかば「日本化」された人も多かった彼らの社会に、突如として150万人（民間人90万人、軍人60万人）の中国人（外省人）が押し寄せてきた形だ。外省人のエリート層はそのまま台湾で強固な支配者層を形成し、1980年代後半に民主化の波が押し寄せるまで国民党の独裁体制を支え続けた。

郭一家が板橋に移住する少し前（1947年）には、本省人の蜂起が当局に武力鎮圧された「二二八事件」が起きている。この時代を知る曹盛浴によれば、当時は板橋の街でも外省人に対する報復感情が高まり、本省人のゴロツキが外省人住民を捕まえて足の腱を切るなど、民族対立に近い状況すら生まれていた。

特権的なエリート層がいる一方で、大多数の外省人は貧しい一般人に過ぎなかったが、本省人たちの独裁体制への反発や台湾と中国大陸の文化のギャップに対する苛立ちは、外省人全体に向けられていたのだ。

「齢瑞さんの一家がこの街に住みはじめた頃も、社会全体としては外省人に対する潜在的な緊張感や忌避意識があった。……ただ、齢瑞さんは人格者だったから、あの一家に対する直接的な差別はなかったと思うがね」

曹はそう話す。彼が慈恵宮に多額の寄付をしてくれた郭台銘に遠慮がある立場であることを差し引けば、やはり当初の郭一家も、地域に受け入れられるまでは周囲からうっすらとした敵意を向けられる存在だったかもしれない。

多くの地元民にとって、中国大陸から自分たちの生活空間に土足で入り込んできた、招かれざる敗残者の群れ——。

郭台銘が生まれたのは、そんな背景を持つ家庭だった。

「貧困」の暮らし

郭台銘が10代の前半を迎えるまで、一家は慈恵宮の廟内にある10坪（20畳）ほどの小部屋に住んでいた。郭のすぐ下の弟の郭台強が生まれた1953年の時点では、一家5人がひとつの部屋に肩を寄せ合って暮らしていたことになる。

これを理由に、日本では郭が「極貧」の生まれだったとする報道がある。ときには、シャープの買収に代表される鴻海グループの貪欲な拡大姿勢や、中国工場のワーカーに厳しい労働環境を押し付けてまで利益の拡大を目指す理由が、郭の幼少時の貧困コンプレックスにあるとする指摘がなされることもある。

だが、おそらくこうした見方はあまり正確ではないだろう。

「あの家は警察の中級幹部の家庭だ。周囲よりも特に貧しかったとは言えない。眷村《ジュエンツン》（外省人の貧困層が形成したスラム街）の住民のように、なりふり構わない行商などはおこなっていなかった」

当時を知る曹盛浴はこう証言する。

事実、2009年5月に現地の民視テレビが放送したドキュメンタリー番組『科《クー》技首富《ジーショウフー》　郭台銘《グオタイミン》（ハイテクの富豪・郭台銘）』は、台湾に移住した直後の郭齢瑞の月給が「600台湾元」だったと伝えている。1956年に中華民国労働部が制定した法定最低賃金は月あたり300台湾元（1955年時点で300台湾元は約3600円ほど。ちなみに同年の日本の大卒キャリア国家公務員の初任給は8700円）なので、当時の台湾国内において郭一家の経済状況は決して低収入とは言えない水準だ。曹は続ける。

「政権移転直後のごたごたで、政府が手配する官舎の部屋が足りなかった。だから、齢瑞さんには慈恵宮の部屋を割り振られたんだ」

台湾は行政の現場における政教分離がそれほど厳密ではなく、特に道教の大きな廟は地域の公民館のような使われ方をする場合がある。「住む場所がなくて軒下を借りていた」と言えば、極端に貧しげなイメージが浮かぶが、「発展途上国の幹部警察官が官舎が足りないため公民館の部屋に住まわされた」と言い換えれば、大きな違和感がない話だろう。齢瑞の家庭は後者だったのだ。

もちろん、当時の台湾はインフレと社会混乱が甚だしく、公務員でも生活が厳しかった時代だ。郭台銘自身、幼少時はアメリカが中華民国に提供した支援物資の小麦袋を仕立て直したズボンを身にまとい、小学校1年生から4年生まで同じ靴を履き続けるような暮らしだったとされる。

だが、成長後の人生を左右するほどのコンプレックスは、他者との比較のなかで強い劣等感を覚えない限りは生まれようがない。郭は決して、極端にひどい経済環境で育ったわけではなかった。むしろ資料を確認する限り、後述する鴻海の創業期のほうが、はるかに郭を苦しめていたように思える。

日本でささやかれる「幼少期の極貧伝説」は、ある程度は割り引いて見る必要がある。

ところで、往年の毛沢東やスターリンは、幼少期に父親に虐待されるなどの不幸な家庭環境で育ったとされる。

だが、同じ「独裁者」でも郭台銘の両親への印象は良好だ。郭は2005年に台湾誌『今週刊《ジンヂョウカン》』の取材を受けた際にこんな話をしている。

「父は公務員で、みずから手本となって、貧しさを受け入れ生を楽しむ道を教えてくれた人だった。（略）わが家は私が大きくなるまで持ち家を持ったことがなく、ソファーもなく、よい家具でも籐椅子があるだけだった。だが、私たちはみずからを貧しいと思ったことがない。

むしろ、現在の私のほうがよほど貧しいだろう。時間がなくて家族と十分に一緒に過ごすことができないからだ。父が世を去った折にも、私は国外で電話を受けた。慌てて帰国して父の顔を見たときには、父はすでに会話ができない状態だったのだ」

「私が最も楽しいことは、母の手作りの麺を食べることだ。それだけで十分に満足できるし、とても楽しい気分になれる」

部下たちにほとんどプライベートの時間を与えず働かせている経営者が、仕事で家族との時間を取れないことを理由に、自分を「貧しい」と語る様子は皮肉である。第2章に登場した張立命《ちょうりつめい》をはじめ、鴻海グループの従業員には郭台銘よりも経済事情と私生活の両面ではるかに「貧しい」生活環境を強いられている人々が大勢いるはずだからだ。

だが、他者への姿勢はさておき、自身の身内に対しては無限の愛着を持つ郭の個性が垣間見える発言ではあるだろう。

そもそも郭に限らず、伝統的な中華圏の人たちは日本人以上に「身内」を徹底的に大事にする一方で、「それ以外」の人間の感情や利害にはやや無関心であり、普段のそうした姿勢を宗教団体や慈善活動に寄付することで罪滅ぼしする傾向がある。われわれ日本人とは文化背景が異なるのだ。

ともかく、郭台銘は両親が大好きである。

彼の幼少期の家庭環境は、それなり以上に幸福だったと考えてよさそうだ。

「ゴロツキ学校」への入学

「たまに郭台銘さんをテレビで見るけれど、昔とまったく変わらないな。当時から覇気があった。まさかここまで成功する人だとは思っていなかったけれどね」

前出の番組『科技首富　郭台銘』で、郭の小中学校時代の同級生・陳陸全《ちんりくぜん》はこう語っている。父に台北市内の官舎が与えられたのはかなり後のことで、少年時代の彼は板橋で小中学校に通った。

郭はガキ大将で、口がよく回る子だったという。また、台湾メディアのニュース動画を確認すると、語彙や漢字の読み上げにこそやや不安があるものの、郭はこの世代の外省人には珍しく一定水準以上の台湾語（標準中国語とは異なる台湾の漢人言語）を話せるようだ。幼少期に、地域で本省人の子どもと遊ぶ機会がかなり多かった証拠だろう。

（ちなみに同じ年齢の外省人である馬英九は、郭と違ってエリート階層の出身者であるためか、2008年に総統選に出馬するまで台湾語をほとんど話せなかったことで知られている）。

後年の郭の人脈を観察すると、後の妻となる林淑如や曾馨瑩、鴻海の金庫番である「銭ママ」黄秋蓮《こうしゅうれん》と夫で鴻海副総経理の游象富《ゆうしょうふ》、シャープの買収交渉を任せた腹心の戴正呉《たいせいご》、親友と言っていい新北市選出の国民党元立法委員（国会議員）の盧《ろ》嘉辰《かしん》など、プライベートを含めた近い関係にある人間には、意外にも外省人ではなく本省人が多い。

山西省の葛万村との関係を見ても、おそらく郭本人は(中国共産党に対するリップサービスを除いても)「中国人」としての自己認識をそれなりに強く持っている人物だ。それにもかかわらず、彼がローカルな台湾人たちとも強い信頼関係を築けているのは、板橋での生い立ちが関係しているに違いない。


一方、郭台銘の学業成績には目立ったところがなかった。

彼は中学卒業後の1966年、船員を養成する中国海事専科学校《ヂョングォハイシー》(現・台北海洋《タイベイハイヤン》技術学院《ジーシュー》)航運管理科に進学している。ジャーナリストの野嶋剛が2012年に『AERA』誌上で発表した記事によれば、真っ黒い制服とガラの悪い学生の多さから「流氓学校《リュウマンシュエシャオ》(ゴロツキ学校)」と陰口を叩かれるような学校だったという。

郭の3歳年下の弟・郭台強が、高校を出てから夜間部とはいえ中興大学《ヂョンシン》(現・台北大学)を卒業しているのを見ると、長男である郭が中卒で専門学校に進んだのは、家庭の経済的事情だけではなく学力の問題もあったようだ。

郭台銘は後年、この母校から寄付を求められた際に、「私が卒業したというだけで、学校の名誉じゃないか？」と言い放ち、すげなく断ったと伝えられる。

郭は普段の消費生活はケチだが、父親の故郷の葛万村や「生家」の慈恵宮、徴兵時に配属された中国大陸との最前線地帯である金門《ジンメン》島など、自分と縁が深い場所からの寄付の申し出には財布の紐が緩みがちな人物だ。母校への異例の冷淡さを見る限り、彼は「ゴロツキ学校」にあまりよい思い出を持っていないようである。

むしろ学生時代の出来事で重要なのは、薬局でアルバイトをしていた19歳のときに、後に妻となる林淑如に出会ったことだった。

当時の林夫人は、台北医学院（現・台北医学大学）薬学部に在学中だった。台湾北西部の苗栗《ミャオリー》県にルーツを持つ本省人の豊かな家庭に生まれた、芸術好きの箱入り娘だったと伝わっている。

「私はそういう女性（林淑如）を追いかけたのだ。彼女は大学生で、べっぴんさんでね。一方で私はカネがなく、ただの貧乏なガキだった。しかも、いわゆる『外省人の2代目』ときていてな。ずいぶん多くの困難を経験して、苦しんだものだよ」

2014年11月、郭台銘がスピーチの場で語った昔話である。

林淑如の父は、日本統治時代に高等教育を受けた植民地エリートだった。中華民国の支配開始後に台湾の公用語とされた中国語がおぼつかない一方、日常生活でも日本語を用いるような、典型的な「多桑《トオサン》（父さん）」世代の本省人だった。彼は後に台湾が民主化されると、熱心な緑色陣営（台湾自立派）の支持者になったと伝わる。国民党による戒厳令下にあった1970代当時でも強い台湾人アイデンティティを持ち、外省人に対する恨みや警戒心を抱いている人だった。

一方、郭の父は大戦中に抗日宣伝活動に参加した外省人で、台湾への移住後も藍色陣営（中華民国体制の維持派）を強く支持していた幹部警察官だ。

当時の台湾で、結婚は現在以上に「家と家」の結び付きを意味した。学歴も資産も家庭の政治的立場も異なる郭と林淑如のロマンスが、相当ハードルが高いものだったことは想像に難くない。だが、途中で郭の兵役による2年間の遠距離恋愛期間があったにもかかわらず、二人は交際を諦めなかった。

郭がついに義父を説得して結婚式を挙げたのは、彼が鴻海の前身となる会社を立ち上げて1年後のことである。この結婚は結果的に、初期の会社の経営を安定させ、また「銭ママ」こと黄秋蓮（林夫人の叔母）と夫の游象富らの、後に鴻海の幹部層を形成する人材の獲得にもつながることになった。

現在の鴻海とは、若い男女の薬局でのアルバイトから始まった「格差婚」の結果として生まれ落ちた、異形の息子だとも言えるのである。

金欠ポンコツ町工場・鴻海

「私たち（夫婦）が最も懐かしく思うのは、昔の最も困難で歯を食いしばっていた日々のことだ。逆に近ごろは特別に楽しいと思うことがない」

「私が思うに、人間は困窮していて飢えているときにこそ特に頭脳が冴える。ある年の大晦日、従業員に年末ボーナスを出した後の私のポケットには2000台湾元（仮に1975年当時とすれば約1万5000円）しか入っていなかった。

1000元で妻の実家へのプレゼントを買い、残り1000元で自分の両親へのプレゼントを買った。苦しかった。だが、一生のうちでいちばん懐かしく思い出すのは当時の日々なのだ」

前出の『今週刊』の記事中で、郭台銘が語った創業当時の思い出である。万事に勝気な彼には珍しく、言葉遣いがややネガティヴで感傷的なのは、当時(2005年)の林淑如が乳癌で逝去する2カ月前の発言であるためだろう。妻が不治の病に侵されていることは明らかで、郭自身もみずからの来し方を考えていた時期である(第6章参照)。

中国山西省を訪問した帰路、黄河のほとりでツーショットの郭台銘と林淑如。撮影時期は2000年前後とみられる
出所:『郭台銘与故郷』

この「最も困難で歯を食いしばっていた日々」は、１９７４年２月に幕を開けた。兵役と短期間の海運会社でのサラリーマン生活を経た郭台銘は、二人の友人とともに「鴻海プラスチック企業有限公司」と名乗る会社を23歳で立ち上げたのだ。

資本額は30万台湾元（１９７４年当時で約２２０万円）で、郭はそのうち10万台湾元を出資した。もっともこれも郭自身のカネではなく、母の初永真が台北市内で会仔《フィアー》（台湾版の頼母子講《たのもしこう》。友人同士の相互扶助による民間融資）を通じて用立てた20万台湾元のうちから、半額を起業資金に充てた形である。残った10万台湾元は林淑如との結婚資金になった。

現在の台北市と新北市の行政区画

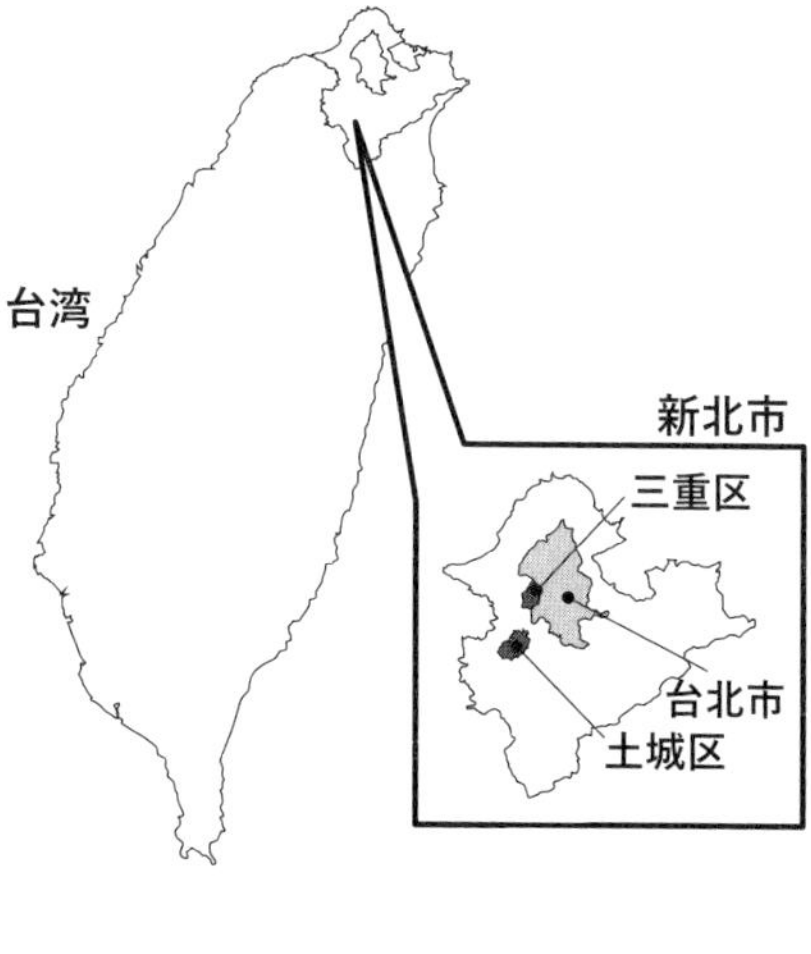

創業当時の鴻海は、当時の台湾のどこにでもあった町工場に過ぎない。台北県三《サン》重《チョン》市（現・新北市三重区）内に25坪ほどの工場を借り、従業員は15人。白黒テレビ用のつまみをプラスチック成型し、月当たりの売上は4万～8万台湾元（1975年当時で約30万～62万円）程度だった。

そして、会社は間もなく倒産の危機に追い込まれる。

鴻海に好意的な伝記では、前年10月に発生した第一次オイルショックによる原料価格の高騰が初期の経営を圧迫したと説明されることが多いが、それ以上に大きな理由は郭たち3人の経験不足だったのだろう。

経営陣の役割分担が不明確なまま会社が運営されたことで、商品の大量生産も安定した出荷もおぼつかず、年間の売上額は50万台湾元（同・約380万円）に届かない。毎月、地代と従業員の給料、さらに原材料費や雑費を差し引くと赤字が積み上がるばかりで、当初に準備した30万台湾元はあっという間に溶けてしまった。

さっぱり儲からない会社に嫌気がさして、事業パートナーだった友人二人が去ったのは翌1975年のことである。起業が頓挫するパターンの多くは創業メンバーのチームワークの悪さに起因すると言われるが、まさに当時の鴻海はこの「失敗の本質」を忠実になぞる会社だった。

この年に撮られた複数の結婚写真を見ると、5年越しの恋を実らせたハレの日にもかかわらず、若き郭台銘の表情からはいまいち現在のような覇気が感じられない。無邪気な微笑をたたえた新妻とは対照的な顔つきだ。

郭は学生時代から現在と同じくらい「偉そう」な性格で、写真を撮るときは決めポーズを作ることが常だったと伝えられているので、不慣れなタキシードに袖を通して緊張したわけでもないだろう。

1975年、郭台銘と林淑如の結婚写真。
中国ネットニュース『騰訊娯楽』2014年11月12日の記事画面より

——おれはオンボロ会社を抱えているのに、所帯を持っても大丈夫なのか？

傲岸不遜な彼には珍しく、胸中の戸惑いが垣間見えるような写真である。

当時の郭と鴻海は、100万人以上の従業員たちを恐れ慄《おのの》かせる現在の姿とは比較にもならないほど、ちっぽけで情けない存在に過ぎなかった。

家にお金を入れてください！

結局、倒産寸前の会社が救われたのは妻のおかげである。

郭台銘は裕福だった林淑如の実家から70万元（1975年当時で約550万円）を融資してもらい、会社をすべて自分で引き受けることにしたのだ。社名も「鴻海工業有限公司」に変え、1976年には本社住所を板橋鎮に移して再スタートを切った。

新会社では、主に「高圧陽極キャップ」という白黒テレビの部品の加工製造がおこなわれた。以前と同じくプラスチック成型技術を用いた部品製造だが、原料の買い付けから生産管理・資金繰りまでをすべて郭が一人で統括するようになり、会社は徐々に離陸をはじめることになった。

はやくも翌年には資本額が200万元（1977年当時で約1413万円）にまで増え、義父にお金を返すことができた。金庫番の「銭ママ」黄秋蓮や夫の游象富をはじめ、後の幹部層となる人々の加入が始まったのもこの頃からだった。

郭台銘の働きぶりは当時から壮絶だったという。

日の出とともに家を出て、午後3時半になると金策に走り回り、帰宅は連日深夜に及んだ。ある年の秋には、契約を取るために雨の中を屋外で4時間も立ちっぱなしで顧客を待ち、結局相手にしてもらえないこともあったと伝わる。

郭は凝り性であり、なにかに全力投球するとほかのものが見えなくなる性格のようだ。『今週刊』の取材ではこんな逸話を語っている。

「息子が生まれた後のことだが、ずっと夜泣きがやまなかったんだ。私は毎晩1時か2時にやっと寝て、翌朝は5時か6時に家を出ていた。よく眠るために妻とは寝室を分けざるを得なかった。

だが1カ月近く夜泣きが続いたので、ある日たまらず『なんでずっと泣いているんだ？』と尋ねた。すると妻は『あなたが3カ月もずっと家にお金を入れてくださらないからですよ！』と言ったんだ」

「当時、私はお金がなく、毎日会社の資金繰りばかりを考えていた。家に生活費を入れるのを忘れていたのだよ。だが、妻は私に余計な負担をかけまいとなかなか言い出せなかったようだ。仕方なく息子に粥の上澄みの汁を飲ませていたが、それでは赤ん坊も腹が膨らまない。だから夜中にずっと泣いていたのだ。私はちっとも知らなかった」

夜遅くまで帰ってこないのはさておき、家にカネを入れないのはひどい。

ただし、妻の林淑如は晩年の2003年に「当時はお金はなかったけれどいちばん幸せだった」と、夫とそっくりの感想を語っていたという話がある（第6章参照）。若き日の郭台銘は、林夫人が不機嫌なときは、1時間も喋りっぱなしで彼女の機嫌を取ろうとしたこともあったようだ。

自分が喋る前にちゃんと奥さんの話を聞けばいいのに、という気もしないではないが、このあたりの機微は当事者にしかわからない話なのだろう。

空気を読まない振る舞い

一方、いざ会社が軌道に乗りはじめると、従来とは別の問題が浮上してきた。すなわち、プラスチック成型製品の品質を左右する「金型」への不満である。当時の鴻海は、台北市郊外の三重堤防付近に軒《のき》を連ねる金型工場群に外注を依頼していたが、その非効率性が甚だしかったのだ。

この時代の台湾の金型業界は徒弟制を取っており、景気がよくなると起業好きの台湾人徒弟たちはすぐに独立していった。

これは鴻海から見れば、工場から腕のいい職人がすぐにいなくなるため、安定した品質の金型が供給されないことを意味した。もちろん、質の悪い金型をつかまされることで損をするのは、それを使ってプラスチック成型をおこなう鴻海の側だ。

ゆえに、郭台銘はようやく余裕ができたばかりの資金の大部分を投じて、台北県土城郷《トウチエン》(現新北市土城区)に1坪あたり3800元(1977年当時で約2万6851円)の土地を購入し、自社の金型工場を造ることを決定する。加えて自社で新人の金型職人を雇い入れて技術を教育・標準化することで、必要な水準を安定的にクリアできる金型を内製することを目指した。

「金型なんて外注したほうが安いのに、なぜ自前で作るんでしょうか?」

当時はこう尋ねる社員も多かったという。土地の購入直後に地価が3倍に値上がりしたため、再売却して利ザヤを得ることを勧める声も大きかった。だが、郭はここで目先のカネに飛びつかず、周囲の雑音も無視して投資計画を強行している。

——27歳の経営初心者の男が、義父からカネを借りて会社を立て直した1年後に、再び社運を懸けた大勝負に出る。

台湾の社会では珍しくない話とはいえ、よく言えば大胆。悪く言えば「空気が読めない」振る舞いだろう。後年のシャープ買収の際に、日本社会を驚愕させた郭の強引なビジネススタイルは、すでに起業の直後から芽を出していた。

のたうち回る零細企業

もっとも、郭台銘の「強引」な決断は結論から言えば正しかった。鴻海は自前の金型製造のノウハウを持ったことで、プラスチック成型製品の品質を安定化させることに成功し、顧客の新規開拓を果たしたからである。

たとえば、1977年に台湾の大手総合電機メーカー・大同《ダートン》（TATUNG）などから電子用精密プラスチック部品を受注。翌年にはカラーテレビ用変圧器の「高圧線筐体《きょうたい》ユニット」、翌々年には「米式電話ソケット部品」なるパーツの受注を取り付けている。鴻海は1980年にはメッキ部門を新たに設け、テレビやラジオの部品製造ラインナップをさらに拡大した。

ただし、この時期の鴻海の経営はまだまだ安定していない。

当時の台湾では、すでにテレビやラジオが普及して市場が成熟しつつあり、加えて台湾の家電企業は納期やコストの面で、下請けイジメ的な締め付けを容赦なくおこなう傾向が強かった。顧客側の都合による不可抗力によって、単なる下請けの部品工場である鴻海の売上は常に乱高下を続けていた。

また、金型工場を建てた土城は人気《じんき》の悪い土地で、地元のゴロツキが小遣いをせびりに来たり、ライン工たちが殴り合いのケンカをしたりするのは日常茶飯事だった。罵声が飛び交う郊外の小さな工場で、くだらない揉め事の仲裁に忙殺される郭台銘から、現在の彼の姿を想像できた人間は本人を含めて誰もいなかったはずだ。

だが、郭が台湾製造業界の最末端でのたうち回っていた時期に、世界では大きな変化の兆《きざ》しが生まれ始めていた。

——1975年、ビル・ゲイツがマイクロソフトを創業。
——1976年、スティーブ・ジョブズがアップルを創業。
——1983年、任天堂がファミリーコンピュータを発売。

海の向こうで一足早く芽を出した21世紀の息吹こそ、この零細企業・鴻海をやがて巨大な怪物へと変えていく魔法の触媒にほかならなかったのである。

第5章　倒産寸前から急成長の謎

荒《すさ》んだハイテク企業の城下町

――たとえ頼まれたって、こんな街には住みたくない。

2016年5月。台北市内から地下鉄板南《バンナン》線に乗り、郊外の板橋《バンチャオ》（第4章参照）からさらに5駅ほど進んだ永寧《ヨンニン》駅の外に出た直後の印象である。個人経営の食堂が1軒あるだけの駅前でタクシーを拾い、街なかを進むにつれて、そんな思いはいっそう強まった。

行政区画名は、新北《シンベイ》市土城《トゥチエン》区。川沿いに広がる古い工業地帯には、鴻海グループの持ち株会社である鴻海科技集団《ホンハイクージージートゥアン》の本社をはじめ、鴻海精密工業股份《ホンハイジンミーゴンイエグゥフェン》有限公司・鴻海精密工股份《ホンハイジンミーゴングゥフェン》有限公司・鴻準精密工業股彬《ホンヂュンジンミーゴンイエグゥビン》有限公司などまぎらわしい名称のグループ企業が軒を並べている。

だが、台湾最大のハイテク企業の城下町にもかかわらず、土城の街はシリコンバ

鴻海科技集団本社の付近にあった、タイ人の出稼ぎ労働者向けの食堂

鴻海「城下」の街並み

レーのような豊かさや、革新性や起業家精神といったキラキラした言葉とは無縁に見えた。

かといって、台湾の他の田舎町のようなレトロな情緒や素朴な温かみも感じない。気根の束を気怠《けだる》げに風にそよがせるガジュマルの葉の色を除けば、視界に美しい色がなにひとつ飛び込んでこなかった。

沢木耕太郎の初期の短編に、1970年代の工業都市の殺伐とした空気感を描いた作品（「灰色砂漠の漂流者たち」）がある。あの作中で登場する川崎の街から若者がいなくなったらこんな感じだろうかと思うほど、寂しく冷たい街である。

街に漂う荒んだ気配の一因は、公共インフラの整備にお金がかけられていないせいだろうと思えた。

路面のアスファルトはひび割れが目立ち、歩道のブロックの間からは雑草が伸びている。路地はクネクネと曲がりくねり、住居地域は水はけが悪いらしくやけに湿っぽい。

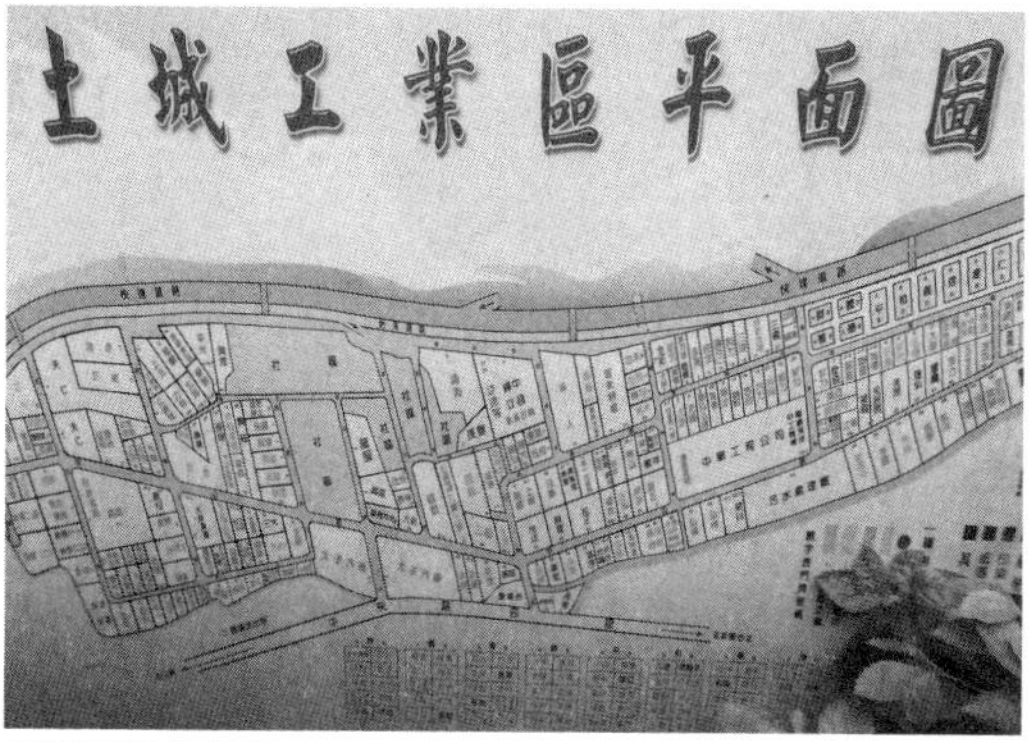

工業地帯の案内図

シャープの「筆頭株主」鴻海精密工業のIR登記上の
本社ビル

カオスに満ちた組織構造

「鴻海さんは毎年、旧正月の大晦日前に200万台湾元（2002年当時のレートで約726万円）を土城市に寄付してくれていた。低収入層の人々がよい新年を送れるようにという計らいさ」

2002年から土城市（当時）の市長を務めた経験がある、郭台銘の友人で元立法委員（国会議員）の盧嘉辰《ろかしん》は、私の現地取材にそう証言している。

だが、街の様子を見る限り、鴻海グループが全世界から稼ぎ出した巨額のカネは、少なくとも目に見える形では地域に還元されていないのではないかと思われた。

タクシーを降りて歩みを進めると、インドネシアやベトナム、フィリピン、タイなど東南アジア諸国の言語の看板を出す安食堂や外貨送金店が多く目についた。工業区で働く外労《ワイラオ》（外国人労働者）向けのエスニックビジネスだ。

もっとも、ある食堂のタイ人店主に話を聞くと、鴻海グループの外労たちは店に顔を出さないという。彼らは工場の内部で生活が完結しているので、ほとんど外に出てこないということだった。

グループの中核企業としてシャープ株の26・14%を保有する、鴻海精密工業の社屋を目指す。郭台銘が1974年に創業した町工場の直接の後継者にあたる会社だ。

IR資料のうえで登記住所となっていた、中山路《チョンシャンルー》と民生街《ミンションジエ》が交差した場所にある社屋は5階建てである。工場を含めた敷地面積は広いが、1980年代の日本の地方都市の大型スーパーを連想させるもっさりとした外見だった。壁面のタイルにこびりついた黒っぽい雨染みが、見る者にいっそう冴えない印象を与えている。

建物の正門に回ると、銀色の表札があった。

「Foxconn」というグループ共通の英語名ロゴの下に書かれた、「鴻海精密」の4文字はワープロソフトで打ったようなゴシック体だ。さらに社屋の最上階の壁面を見上げると、今度は丸ゴシック体で「鴻海」と素っ気なく書かれた1メートル大の立体文字が据え付けられていた。

どうやら鴻海は、社屋の看板の漢字フォントをデザイナーに発注する発想を持たないか、もしくはその経費すらもケチる会社であるらしい。一般消費者にブランドイメージをアピールする必要がないEMS企業ゆえのことだろうが、日本の一般的な大企業の常識からは計り知れないセンスである。

鴻海精密工業から1キロ半ほど歩いて、鴻海科技集団の社屋に向かう。グループのホームページ上で紹介されている本社の建物だ。こちらは少なくとも玄関先は立派で、大企業の本社らしき風格をかろうじて保っていた。ただし、なぜか登記名称の「鴻海科技集団」ではなく「鴻海精密工業股份有限公司」とだけ書かれており、やはり非常にまぎらわしい。

ちなみに『週刊ダイヤモンド』（2016年5月21日号）の特集「背徳のシャ

鴻海精密工業の社屋裏口にあった表札

ープ」には、「鴻海傘下とみられる主な企業30社」（傍点筆者）と題した図表が掲載されている。経済誌の記者たちが目を皿にして調べても「みられる」と書かざるを得ないほど、鴻海本社と傘下企業の資本関係は部外者には理解不可能なブラックボックスなのだ。

もっとも、私が土城の建築群を眺めた限り、鴻海グループの組織構造のややこしさは、当初から明確な機密保持の目的を持って計算づくで構築されたものとは必ずしも言えないような気がした。

彼らはおそらく、ただの中小企業だった時代から場当たり的に子会社を作り続け、しかも社名を決める際にネーミング

鴻海科技集団の社屋。ただし玄関先には「鴻海精密工業股份有限公司」と書かれている

にヴァリエーションを持たせるようなセンスがあまりなかった。ゆえに、いつの間にか子会社名が極度に複雑化してしまったのではないだろうか。

中華圏の人たちが暮らす社会には、内部の住民だけが位置関係を感覚的に把握していればそれでいいという感じの、各国のチャイナタウンや九龍城塞のようなカオス極まりない空間がしばしば出現する。

鴻海はもしかして、グループ全体が「九龍城塞」のような会社なのかもしれない。

郭台銘が創業直後の混乱期を脱し、土城に本社を移してこの街を鴻海流のカオスな空間に変えはじめたのは、1980年代のことである。

鴻海の社勢の拡大を決定づけた最初の契機は、1980年10月8日にあった。

なんと日本での経験である。

30歳の大阪物語

「私の30歳の誕生日は、日本の松下電器産業（現・パナソニック）で過ごすことになった。私は彼らのところへ、部品製造をわが社に発注してくれないかと頼む商談に行ったのだ。その夜は、日本人たちからずいぶん酔わされてしまったよ」

２００３年４月、郭台銘は台湾のビジネス誌『商業週刊《シャンイエヂョウカン》』第７５３期の取材を受けた際に、「重要な転換点」としてこんな思い出話を語っている。

本人が別の場で、これが最初の大阪入りだったと話しているため、府内に本社を置く松下との接触もおそらく初めてだったのだろう。日本の大手家電メーカーとの商談自体が、人生で初だったかもしれない。

１９８０年当時の日本は、世界に覇を唱える経済大国の道を歩みつつあった。なかでも松下の名は、日本の顔として台湾国内でも燦然《さんぜん》と輝いていた。台湾の無名の中小企業の社長だった郭は、そんな超巨大企業に単身乗り込み、テレビ部品の下請け受注を申し出たらしい。

「なんや。この台湾の若いやつ、えらいええ根性しとるやないか？」

松下の社員たちはそんな感想を漏らしたかもしれない。当時は創業者の松下幸之助が存命中であり、彼の薫陶が社内に濃厚に息づいていた時代である。

彼らは商談後、若さに任せて無謀な売り込みを仕掛けてきた異国の男が誕生日を迎えたことを知った。

祝杯を挙げてやろうと居酒屋に直行し、席上、松下の部品供給網に関する話も少しばかり教えてあげたようだ。もっとも彼らはその代償として、昭和のサラリーマン社会の洗礼だとばかりに、酒に強くない郭をぐでんぐでんに酔い潰した。

翌朝、目覚めた郭は二日酔いの頭を抱えながら、前夜の体験をこう反芻したという。

「私はベッドに寝そべったままで考えたのだ。日本ではなぜ、(たとえ町工場であっても)あれほど素晴らしい部品を供給できるのかと。それは日本には素晴らしい発注元メーカーが存在し、日本の部品製造技術の発展を後押ししているからだった。一方、台湾にそうした発注元メーカーはなかった。(略)台湾の部品製造業者のうちで、自国メーカーから技術を育てられているような会社もほとんど存在しなかったのだ」

当時の台湾メーカーは、ろくな技術力も国際競争力もないのに下請け企業への無茶な発注と搾取を繰り返していた。郭台銘の目から見て、下請け企業を仲間と見なして積極的な育成をおこなう松下の姿勢は対照的に思えた。

発注元がこうした良心的な会社であれば、下請け企業の側にも技術が蓄積されていき、自社の研究開発を通じて発注元によりよい製品を提案することもできる。鴻海がそんな会社に変わっていけば、経営が安定して企業規模の拡大も可能になるだろう。

では、自社を育ててくれる発注元メーカーとはどんな会社か？　それは世界的なシェアを持つ一流ブランド企業のみである——と、郭台銘はこのときに考え至ったらしい。

一流の顧客を持て

「常に一流の顧客を持て」

後年、鴻海はそんなビジネススタイルを採用（第1章参照）したことで、企業規模を現在の水準にまで拡大させていく。すなわち、携帯電話やタブレットではアップル、パソコンはデルやヒューレット・パッカード（HP）、電子ゲーム機はソニーと任天堂、といった大手メーカーからの受注のみを眼中に入れ、最初の取引の時点ではたとえ利幅が小さくても全力で食いつくことで関係を強めていったのだ。

もちろん、1980年当時の時点で、郭台銘はすぐに一流企業とのビジネスを開始できたわけではない（冒頭の松下との商談も、おそらく成約しなかったと見られる）。ただ、郭はこの大阪行きから間もなく、台湾の大手企業から発注された大型案件を、2週間悩んだ末に納期やコストの厳しさを理由に「蹴った」と伝えられている。

鴻海はこのときから、単なる下請け組み立て屋の町工場の地位にとどまることをやめたのだった。

「私は日本に来るのが大好きだ。実のところ、私は仕事でもプライベートでも30年以上にわたって、深く積極的な日本との関わりを持ってきたのだ」

「私が初めて大阪に来たのは、自分のちょうど30回目の誕生日だった」

2016年4月2日、歴史的な買収交渉を成功させた郭台銘は、シャープ社長（当時）の髙橋興三と部下の戴正呉《たいせいご》を左右に引き連れ、堺ディスプレイプロダクト（SDP）で共同記者会見を開いた。彼がスピーチの開口一番で述べたのは、すなわちこの大阪の思い出だった。

現在は多くが定年を迎えているはずの往年の松下の社員たちは、家のテレビでニュース映像を見てさぞ仰天したに違いない。

かつて面白半分で酔い潰して遊んでやった若い台湾人が、36年後に彼らのパナソニックグループを凌駕する規模の大企業を作り上げ、自社と同じ大阪にあるライバル企業のシャープを買収して「進駐」してきたのである。それはまさに、時代の変化と産業界の地図の変容を如実に物語る光景に他ならなかった。

拘置所の近くに本社を置けば安心だ

再び時計の針を1981年まで戻そう。

日本から帰国した郭台銘は、顧客を選定する基準を変更したのと同時に、もうひとつの大きな自社改革に着手している。それは創業以来の家電部品の製造からの転換だった。

当時、台湾の経済は蔣経国《しょうけいこく》政権下で高度成長の軌道に乗る一方、従来の労働集約型の製造業が行き詰まりを見せていた。豊かになりはじめた社会ではテレビやラジオの普及も進む。成熟してしまった家電業界の市場にぶら下がるだけでは、会社の拡大が難しいのは明らかだった。

結果、郭は市場調査の末にパソコンのコネクターに着目する。1981年にIBMが「IBM PC」を発売して以来、パソコンは目端の利いたビジネスマンの注目を集めつつある新規の成長分野だった。

「……おそらくコネクターの製造プロセスにおいて、鴻海は少なくとも40％か50％くらいの技術をカバーしているだろう」

事業方針をめぐる社内会議で、郭台銘はそう口にした。すなわち、あとは技術者の努力で残り5割以上の不可能を可能にせよとプレッシャーをかけたのだが、幸いにして技術者側は要求に応え、安定したコネクター製造体制を築くことに成功した。

この瞬間から、鴻海はハイテク部品メーカーに変貌を遂げた。

翌1982年、社名を「鴻海工業」から「鴻海精密工業」に変え、資本金1600万台湾元（当時のレートで約1億189万円）で再スタートさせたのも、従来の主力業務からの転換を内外に印象付けるためだ。もともと金型工場を設けていた土城の街に、730坪の土地を買って初の自社社屋と工場を建設したのもこのときである。

「本社を土城に置いたのは、（この街にある）土城拘置所が近いからだ。万が一、不渡りを出して拘留されても家族との面会に便利だろうし、拘置所から会社の業務を指示することだってできるからな」

当時の郭台銘はしばしばこんなブラックジョークを飛ばしていたと伝えられる。

だが、実際は社長が逮捕されるどころか、鴻海の業績はこの頃から高止まりに安定しはじめ、事業規模は急激に拡大していった。その歩みを見てみよう。

・1983年：資本金4800万台湾元（約2億8458万円）。日本から購入した設備で新型コネクターの開発に成功。

・1984年：金属メッキ部門を創設。当時の売上高の約10分の1にあたる1000万台湾元を投入して、アメリカから自動化メッキ設備と検査設備を購入。

・1985年：営業収益5億6000万台湾元（約33億5213万円）を計上。台湾製造業ベスト1000のランキング入り。「フォックスコン」ブランド（後述）を創設。

・1986年：資本金1億3000万台湾元（約5億7925万円）。スイス製の高速連続パンチプレス機を導入。土城工業区に1万1600坪の土地を購入し、新たな工場建設開始。

・1987年：資本金1億8000万台湾元（約8億1949万円）。1億台湾

元を投じてコンピュータ自動化制御機能付きのプラスチック押し出し成型機48台をアメリカから購入。同じく生産自動化設備も購入。

1982年からの5年間で、資本金は10倍以上に膨れ上がった。やがて1988年には従業員数が1000人を突破し、営業収益も10億台湾元（約44億8233万円）を超えた。台湾証券取引所での上場を果たしたのは1991年のことである。

鴻海が急成長を始めた1980年代は、台湾経済が最も活気に満ちていた時期だ。国策によって内外のハイテク企業を誘致した新竹《シンヂュ》サイエンスパークの建設をはじめ、先端技術産業の奨励政策が功を奏し、GDP成長率は毎年10％前後をマークした。政治の面でも、戦後の台湾社会を暗く覆っていた戒厳令が1987年に解除され、社会に伸び伸びとした空気が漂いはじめた。

とはいえ、鴻海の成長はそんな時代の追い風を差し引いても凄まじいものがあった。彼らの年成長率は20％を超え、自国の経済成長の2倍以上の速度で爆発的に伸び続けたのである。

郭台銘自身もまた、台湾の新時代の風雲児として、いつしか財界で注目を集める存在になっていた。

日本の技術を吸収せよ

ところで、初期の鴻海の成長は、「日本」がその一端を担っている。

1986年、郭台銘は社内に「対日業務グループ」なる組織を作らせ、積極的に日本人顧問を招聘しはじめた。鴻海は彼らに精密機器製造の指導をおこなわせたことで、技術力を大幅に向上させている。また、1988年からはトヨタ式生産方式でお馴染みの5S運動（整理、整頓、清潔、清掃、しつけ）を導入し、生産現場の改革を図った。

郭の日本の技術に対する関心は並々ならぬものがあった。例えば、中国でフォックスコンの技術顧問を務める中川威雄《たけお》・ファインテック社長は、当時の雰囲気をこう話している。

〝さて、私が郭董事長に初めてあったのは1988年と記憶しています。その当時、私が関係していた型技術協会がシンガポールで国際会議を開きました。その場で、台湾の金型工業界の会長を務めていた郭董事長にお会いしたんですね。当時の印象は典型的な町工場の親父さんでした。そこで声をかけられて、強引に食事に誘われたことを覚えています〟

〝そりゃ、強引ですよ（笑）。私は毎年、台湾の国立研究所に指導に行っていたんですが、ある時、「是非、自分の工場を見て欲しい」と郭董事長がいうので、そのついでに鴻海に寄ったんですよ。普通に工場を視察するだけと思っていたら、その場で「社員に講演をしてくれ」と。ちょうど、国立研究所で講演をした後だったので、同様の講演をしました〟

（「シャープを翻弄する郭台銘CEOとは何者か？」『日経ビジネスDigital 速報』2012年10月3日）

また、郭台銘は1985年頃、後にシャープ買収の立役者となり、2016年8月からは同社の社長に就任する腹心・戴正呉のスカウトにも成功している。

彼は台湾の家電大手・大同《ダートン》（ＴＡＴＵＮＧ）の元社員だ。もともと同社系列の大学を卒業し、日本駐在員に抜擢されるなど、未来の幹部候補生として育成されていた人物である。

本人の有能さに加えて、彼が日本語に堪能なことも、郭による勧誘の大きな理由となったことは間違いない。

ちなみに余談だが、郭台銘の対日観についてもここで少し述べておこう。

郭の父・郭齢瑞《かくれいずい》は若い頃日中戦争で故郷を追われて抗日宣伝活動をおこない、また、母の初永真《しょえいしん》が幼少期を過ごした山東省青島市《チンダオ》も日本軍の侵略を受けている。

だが、合理主義者の郭は日本について歴史問題よりも経済力や技術力の高さに興味を覚えたらしく、日本とビジネスを始める際に葛藤したという話も伝わっていない。

後年になるが、２０１２年に鴻海がシャープとの資本提携を最初に希望した際、郭は当時のシャープ会長・片山幹雄《みきお》にこんな話をしている。

〝私の母は山東省青島市で育ちました。目立った戦闘がなかった青島市では、母も日本人も仲良く同じ集合住宅で暮らしていたのですが、日本の憲兵隊は横暴だった。憲兵隊はあるオーナー企業家の財産を寄贈という名の下で没収するばかりか、その際に戦争で死なずに済んでいた、たった一人の幼い子供を殺したそうです。

母が感心したのは、そんな憲兵隊にいた日本人の変化です。彼らは敗戦の翌日、軍服を脱ぎ、記章を取り外して、青島市の街や下水道を丁寧に掃除しました。彼らは卑屈になったからそうしたのではありません。居丈高《いたけだか》でいられた原因を理解し、すぐに合理的な行動（掃除によって地域に尽くす）を採ったのです。

日本人はプライドに固執せず、状況の変化に大胆に応じられる。母は、自分が6歳の時（56年前）こう日本人の素晴らしさを教えてくれました。こうした柔軟性は「人を騙さない」ことと並んで、私が日本人を好きな理由になっています〟

（「日本人は大胆に変わる」、鴻海創業者・母の教え」『日本経済新聞』電子版 2012年7月2日付）

この話を聞いて気分がよくなる日本人はおそらく皆無だと思うが、不器用な郭台銘としては日本人を褒めるつもりで喋ったようである。

そもそも、郭の最初の夫人の林淑如《りんしゅくじょ》の父は、日常生活でも日本語を話す植民地世代の本省人で、林夫人と死別後に再婚した曾馨瑩《そうけいえい》も母方の祖母が日本人だ。

特に2008年に曾馨瑩と結婚してからは、郭はこれまで以上に日本に特別な好感を持つようになったという話もある（郭が目に入れても痛くないほどかわいがっている曾夫人との子どもたちは、血の8分の1が日本人なのだ）。

ともかく、郭の対日感情は少なくとも悪くはないと言っていいだろう。

アメリカへの傾倒とフロンティア・中国

いっぽう、初期の鴻海の発展を日本以上に支えた国がある。それはアメリカだ。

鴻海が最初にアメリカ系企業の顧客を獲得したのは1980年前後で、相手は当時のテレビゲーム大手のアタリだった。もっとも、アタリはまもなく過剰生産から経営危機（テレビゲーム史上では有名な「アタリショック」と呼ばれる事件だ）に陥り、この時点での取引はあまり長く続かなかった。

アメリカ市場との関係が本格的に深まるのは、鴻海がパソコン部品製造をメインビジネスにした1980年代のなかば以降である。

郭は1985年から自社の関連企業の英語名として「フォックスコン」の社名を用いるようになり、単身で渡米して長期間の営業行脚に出かけた。ちなみにフォックスコンというやや耳慣れない単語は、金型（foxcavaty）とコネクター（connector）のかばん語で、ほかに顧客の要望に迅速に対応するキツネのような敏捷性をイメージさせる目的もあったと言われている。

「私はアメリカのモーテルで、未来の鴻海が国外市場に打って出るための策略を徹底的に考えたのだ。腹を減らせておくと、頭脳は特別に冴えるものだからな」

鴻海に好意的な台湾人ジャーナリスト・張殿文《ちょうでんぶん》の『虎与狐《フウユイグー》（トラとキツネ）』に収録された郭台銘の発言だ。同書によれば、当時の郭は安宿を泊まり歩き、1日に2個のハンバーガーしか食べないようなアメリカ貧乏旅行を続けたという。何週間もレンタカー1台でアメリカ各地を回り、モーテルに泊まり続ける日々だった。

もっとも、郭は2016年現在でも、子どもをチェーン系のファストフード店のキッズコーナーで遊ばせ、来日時には食事の時間が節約できる吉野家の牛丼を進んで食べるなど、衣食住にあまりこだわりを持たない人物だ。また、当時はそれなりの規模の会社に成長していた鴻海が、社長の海外出張中の食事代も出せないほど財務面で困窮していたとは考え難い。

このアメリカでの苦労譚の真相は、節約家の郭が、無駄なカネを使いたくなかっただけではないかとも思える。


ともあれ、鴻海は1988年に初の海外法人をカリフォルニア州や香港に設立したのを皮切りに、東南アジアや欧州にも海外展開を進めていった。

郭台銘は1989年から数年間、台湾本社の業務を末弟の郭台成《かくたいせい》に委任し、アメリカ市場の開拓と金型製造の研究開発能力の強化を目的に、妻の林淑如や子どもたち（長男・郭守正《かくしゅせい》と長女・郭暁玲《かくぎょうれい》）を連れてみずからアメリカ支社に赴任したこともある。

2016年のシャープの買収交渉後に日本メディアに向けて披露した英語も、アメリカ赴任の時点までに猛勉強をしてビジネス会話を身につけた成果らしい。英文のサインをかなり熱心に練習していたという逸話もある。

いっぽう、台湾の政治の自由化によって対中国投資が解禁されたことで、鴻海は1988年に中国広東省の深圳《シェンヂェン》に龍華《ロンホア》工場を建設し、中国進出の橋頭堡《きょうとうほ》を築いた。

リスクを恐れぬ投資の連続

30歳の大阪出張以降の郭台銘に、もはや創業当初の不安げな雰囲気は見られない。郭は市場動向が変化すると従来の得意分野を惜しげもなく捨て去り、自社の方向を目まぐるしく変えていく。また、1982年の自社の工場建設や、1987年に1億台湾元（約4億5527万円）を投じた工場設備の購入に見られるように、数年に1度以上のペースで「身の丈に合わない」ように見える投資を躊躇《ちゅうちょ》なくおこなう。そしていずれの判断も、決定した途端におそるべきスピードで実行に移していく。

石橋を叩いて渡るような日本人の価値観から見れば、危なっかしい経営判断の連続だ。

だが、一連の投資はいずれも郭の強引なリーダーシップのもとで進められた結果、それぞれ目論見《もくろみ》がピタリと当たり、鴻海の急成長を導くことになった。

もっとも、郭のやり方は特に極端ではあるものの、こうした振る舞い自体は中華圏の経営者にまま見られる傾向であることも事実である。

〝儒教文化をベースに持つ中華系企業は、戦略立案では事前合理性よりも事後合理性の重視、意思決定に当たってはトップダウンの色彩を見せる。

家族関係のコアに「家父長」が存在し、そこに権力が集中していることに起因する。事前における綿密な情報収集・分析よりも、過去の経験や勘（直感）による「即断即決」型の意思決定が一般的である。

信頼できる有能な中堅管理職が執行可能な計画に落とし込み、高い統制力を発揮することによって結果を出していく（略）〟

（王効平「華人系企業の経営構造に対する一考察」『東アジアへの視点』第26巻1号所収。一部の改行・句読点を筆者が補った）

2015年、「華人系企業」という着眼点から鴻海を考察する論文を発表した北九州市立大学大学院教授の王効平《おうこうへい》は、こうした指摘をおこなっている。右の引用のなかで「有能な中堅管理職」と表現されている人たちは、鴻海の場合は台湾人の高級幹部たち（第2章参照）を意味すると理解すればいいだろう。

王の分析はかなり面白い。

彼によれば、日本的な組織は新規事業を始めるときに、綿密な事前調査とリーダーたちの合議を重ねた末に判断を下して、慎重に実行に移していく（「事前合理性の重視」）。その一方で、一度動き出した事案については非常に大きな損失が出たりしない限り、その結果や当事者の責任がややあいまいにされてしまう傾向もある。

他方、鴻海のように華人的な組織の場合、家父長的なワンマン・リーダーが「なんとなく儲かりそうだ」といったインスピレーションを根拠に即決し、準備があまり十分ではない状態でもとりあえず見切り発車する。最初に決めた段階ではそれほど理論的な裏付けがなかったり、リスクが大きいように見えた行動であったりしても、結果的にお金が儲かるならば帳尻が合うのでそれで構わない（「事後合理性の重視」）という考え方だ。

当然、こうした結果オーライ型の華人経営者のビジネスは、準備不足や見込み違いのせいで失敗することも多いのだが、そうした場合は恥を忍んででも友人や親戚からカネをかき集め、捲《けん》土《ど》重来《じゅうらい》を図るのが常である――。

こうした王の分析にあてはめる限り、鴻海はまさに絵に描いたような華人系企業だ。

土城の街を埋め尽くしていた、鴻海グループのややこしい名前の子会社の群れも、こうした行きあたりばったりの会社だからこそ生まれたものなのだろう。

「一切を呑み込む」という社名

ところで華人の文化と言えば、「鴻海」というあまりパッとしない社名は「鴻飛《ホンフェイ》千里《チエンリィ》、海納百川《ハイナーバイチュアン》」（大きな雁は千里を飛び、海はすべての川を納める）という古文調の八字句に由来している。

だが、この字句をそのまま載せた古典は見当たらず、漢文の対句《ついく》としてもあまり美しくない（先に「千」という大きな数字が出て、後に「百」が来るのはバランスが悪い）ため、おそらく伝統的な中華文化についてあまり深く通じていない人が作ったオリジナルの言葉だろう。もしかすると、郭台銘本人か母親の初永真が、創業当時に行きつけの道教の廟《びょう》でもらったオミクジの呪文あたりが出どころなのかもしれない。

ただし、中国ではもともと、「雁飛千里《イエンフェイチエンリィ》」（雁は千里を飛ぶ）、「燕飛千里《イエンフェイチエンリィ》」（ツバメは千里を飛ぶ）といった言い方がある。鴻海の社名を付けた人がそこまで意識したかどうかはわからないが、個人の強力なリーダーシップを肯定する「雁飛千《イエンフェイチエン》里靠頭雁《リィカオトウイエン》」（雁が千里を飛ぶときは先頭の一匹に頼る）という俗語もある。

一方、「海納百川」はもともと仏典の『大蔵経《だいぞうきょう》』などで見られる表現だが、現在の中華圏では通俗的なことわざの範疇に入る。寛容な人間性を形容して使われることが多いものの、漢字の意味の通りに解釈すれば「すべてを呑み込む」という意味に取ることも可能だ。

――世界中を飛び回り、この世の一切を腹に呑み込む。

図らずも後年の鴻海の姿をピッタリと予言した、実に恐るべき社名なのであった。

第6章　巨大企業の「皇帝」の懊悩

台湾一の大富豪の金使い

おしなべて建物の背が低い台北の街で、ただひとつ天空を突き刺して聳《そび》え立つビルが、市内中心部にある台北国際金融センター（通称・台北１０１）だ。好況に沸いた李登輝《りとうき》政権下の１９９０年代後半に建設計画が持ち上がり、２００４年に竣工。一時は世界で最も高いと称された建物だった。

郭台銘《かくたいめい》の自宅は、この台北１０１から直線距離で北東に３００メートルほど離れた場所にある。住所は信義《シンイー》区松勇《ソンヨン》路15〜29号、信義富邦《シンイーフーバン》・国際館《グオジーグアン》という建物だ。しばしば台湾メディアがマンションの正門前に張り込んでいるため、郭が日常的に起居する家なのは間違いない。

郭が初めて信義富邦に居を構えたのは２００３年の６月である。別々の棟に１戸ずつ、合計１００坪を購入し、そのうちひとつは当時の妻の林淑如《りんしゅくじょ》の名義だった。彼女の死後の２００５年７月に、長男の郭守正《かくしゅせい》が相続している。

やがて２０１１年３月、郭は再婚後に新妻の名義で別の棟に１戸を購入。２０１４年12月に郭守正と郭暁玲《かくきょうれい》（長女）が所属する会社の名義でさらに１戸を買い足した。このときの買価は２・５億～３億台湾元（約８億～10億円）と伝わるので、総額で40億円程度の家に一族で暮らしているようだ。部屋からは台北１０１がよく見えることだろう。

ただ、実際に現地に向かうと、台湾一の富豪の住処《すみか》としては意外に地味な佇《たたず》まいに驚かされた。さすがに各棟の敷地には立ち入れないものの、それぞれの間の路地は一般人でも通行可能であり、敷地

郭台銘の自宅がある高級マンション「信義富邦」

と路地を区切るのは薄いプラスチック製の垣根だけだ。警備はお座なりの監視カメラと、人のよさそうな守衛が正門に二人いるだけなので、仮に大きな暴動（治安のよい台湾ではまず発生しないと思うが）でも起きれば暴徒から簡単に突破されそうに見える。

家から数百メートル歩くだけで、粥や麺を売る台北の下町が広がる。アメリカや中国の、高い堀と警備兵に囲まれた特権層向けの高級住宅街とは比較にならないほど庶民的だ。

何度か郭の自宅を訪れている元立法委員（国会議員）の盧嘉辰《ろかしん》もこう証言する。

「内部も華美過ぎるわけではない。普段の郭さんの出で立ちと同じく、地味なものだよ」

事実、不動産サイトで家賃を調べると、信義富邦は安い部屋ならば月あたり日本円で１００万円程度から借りられるようだった。建物内にはプールやスパが完備されているが、もとより台湾の高級マンションでこうした設備は珍しくなく、際立って贅沢な設備とは言えない。

サイト上で紹介されていた室内写真や、同じマンションに部屋を購入した住民のニュース映像を見ても、私自身が過去に取材で訪れたことがある中国大陸やマカオの高級住宅と比較すれば、郭の自宅はやはり見劣りするのではと思えた。

――そもそも普通の大富豪であれば、一般庶民がインターネットで室内写真を見られるようなマンションには住まないのではないか。

例えば日本でも、ソフトバンク創業者の孫正義は麻布に土地・建物合わせて70億円の豪邸を持ち、同じく白金台にも80億円の邸宅を建てている。代々木上原

郭台銘の友人・盧嘉辰

にあるユニクロ創業者の柳井正の自宅も、一説では総額１００億円だ。

また、台湾で郭と並び称される大富豪、旺旺《ワンワン》（ＷＡＮＴ　ＷＡＮＴ　第3章参照）グループ会長の蔡衍明《さいえんめい》の自宅も40億台湾元（約１３０億円）相当の豪邸である。現地の報道によれば、蔡はこの家で婚姻関係にない多数の女性を身辺にはべらせ、豪勢な暮らしを営んでいるという。ちょっと悪趣味にも思えるが、むしろ伝統的な中華圏の大金持ちの姿としては、彼のような振る舞いは「正常」なものだとも言える。

一方、郭台銘は前妻との死別後も同じマンションの部屋に住み続け、そこで２００８年に再婚した新妻（曾馨瑩《そうけいえい》）との結婚生活を送り、３人の子どもをもうけている。一戸建ての邸宅とは違って退去も売却も容易なはずなのに、人生の節目を迎えても家を替えなかったのは、引っ越し費用とその時間すらも惜しんだせいだろうか。

慎ましさという奇行

「郭台銘さんはプライベートな友人と会うときは、あるファストフード店を使う。

店内のキッズスペースで、子どもを遊ばせていることも多いよ」

現地取材のなかでこんな証言も聞いた。実際に調べてみたところ、台北市内のある場所で当該の店を見つけた。世界中にチェーンを広げている、チープなイメージが強いファストフード店だ。大規模店だが店舗は古く、あまり清潔とも言えない店内に普通のキッズスペースがあり、地元の子どもたちが嬌声《きょうせい》を上げていた。

まさか台湾でトップクラスの大富豪の行きつけの場所とは到底思えない。店内で郭を見た他の客たちは、彼が鴻海《ホンハイ》グループの総裁だとわかっても、子連れの

行きつけのファストフード店

姿を見てそっとしておくことが多いのだという。ちなみに郭はシャープ買収に伴う来日時にも、「うまい・やすい・はやい」吉野家の牛丼を好んで食べている。

「郭さんのライフスタイルは常にそんな感じです。彼は２００６年にプライベート・ジェットを買っていますが、他の富豪たちのような『見せ金』を目的にしているのではなく、純粋に仕事の効率化のため。１日のうちに、日本と中国の2カ国に出張して台湾へ日帰りするような移動は、プライベート・ジェットがないとできませんからね。一方、彼は仕事以外にはまったくカネを使いません」

台湾の大手経済誌『今週刊《ジンヂョウカン》』のベテラン編集者で、20数年前から鴻海を知る林《りん》宏文《こうぶん》はそう話す。

ちなみに、郭の愛機はプライベート・ジェットの大手であるガルフストリーム・エアロスペース社のＧ５５０で、シャープ買収決定後の２０１６年4月に最新型のＧ６５０ＥＲを21億台湾元（約71億円）で追加発注した（納機は数年後である）。

ただ、郭は現在のＧ５５０についてもフォックスコンのロゴ塗装すらおこなわず、ガルフ社の武骨なデザインのままで乗り回している。旺旺の蔡衍明がプライベート・ジェットを「見せ金」的に同時に3機も保有し、しかも機体を真っ赤に染めて自社キャラクターをでかでかとペイントしているのとはやはり好対照だ。

食事は短時間で腹が膨らめばよい、家は便利な場所に住めればよい。プライベート・ジェットは仕事に必要だから大金を出して買うが、超高空を飛ぶものに自社の名を書いても仕方がないし、なによりも塗装費用がもったいない。

——地に足が着いた堅実さ、と言えば聞こえはよい。カネは浪費を抑えている限りは貯まっていく。

だが、56億ドル（約6000億円）の個人資産を持つ大富豪の行動としては、郭はやはり「奇行」が目立つ男であった。

巨大企業に変貌、表に現れた忍者

ところで、郭台銘が信義富邦に最初の一室を購入した2003年頃は、郭と鴻海の名が徐々に世界に知られるようになった時期でもある。

背景にあったのは、その15年前から始まった中国への進出だった。

鴻海は1988年、香港にフォックスコン名義での子会社を作り、国境（当時の香港は英国領）を接した広東省深圳《シェンヂェン》など珠江《しゅこう》デルタ地域への投資を開始している。後年、「郭台銘の紫禁城」と称され、よくも悪くもフォックスコンの顔となる深圳の龍華《ロンホア》工場の歴史も、この時期から始まった。第2章で詳しく述べた、現在ではひとつの大きな街のようになっている龍華工場の工業団地が建設されたのは、1996年のことである。

1993年には長江下流域の昆山《クンシャン》に進出し、この街が中国でのもうひとつの大きな拠点になった。さらに1999年には浙江省の杭州《ハンヂョウ》と、父親の故郷である山西省にも工場を作らせた。

やがて鴻海は中国国内で金型を作り、技術者を大量に養成するようになった。技術の蓄積を通じて、2000年までにパソコン筐体《きょうたい》や電子部品・通信機器などの製造も請け負えるようになった。

シリコンバレーに代表される、先進国に本社を置いた大手メーカーやIT企業のエリートたちが最初に製品プランを考え、台湾のEMS企業が具体的な生産プロセスを整え、中国大陸の大量の安価な労働力が現場で製造を担う――。

第1章でも言及した、世界の電子製品の製造を支える「三角貿易」の構造は、こうして1990年代に整備されていった。そして、この「三角貿易」は次の2000年代の10年間に絶頂期を迎えていく。フォックスコンの工場は、中国各地の工業地帯を軒並みカバーするほどその数を増やしていった。

鴻海は2001年に資本金額が176億8780万台湾元（当時のレートで約636億円）を突破し、台湾国内で民営製造業の企業ランキングの1位となった。この当時はデスクトップ型パソコンの組み立てをメインにしていたが、やがて他の電子機器製造にも盛んに進出し、2005年には携帯電話製造の世界最大手に、また翌年にはデジタルカメラ製造の最大手に登り詰めている。

特に携帯電話については、当時の世界を席巻していた3大メーカーであるノキアとモトローラ、ソニー・エリクソン（現・ソニーモバイルコミュニケーションズ）から同時に大口の受注契約を取るという、秘密保持に定評があるEMS企業・鴻海ならではの離れ業をやってのけている。

会社の拡大とともに、経営者の郭自身にもスポットが当たりはじめた。郭は2001年に米誌『フォーブス』誌上で世界198番目の大富豪として紹介され、その後も旺旺グループの蔡衍明と台湾ナンバーワンの富豪の座を競い続けて現在に至っている。

2005年頃からは、台湾の大手経済誌『天下雑誌《ティエンシャーザァヂー》』の「最も尊敬される企業家」ランキングの上位にも名が挙がるようになった。もちろん、台湾では郭の冷酷な経営姿勢に嫌悪感を示し、残忍で荒々しい人物を指す「梟雄《きょうゆう》」であると陰口を叩く人も少なくないのだが、自社の規模を常に拡大させ、利益を株主に還元する彼の姿は「成功者」として強烈な魅力を放つ存在でもあった。

鴻海は本来、大手メーカー製品の受託生産という、水面下の仕事を担う忍者集団のような会社だ。

だが2000年代に入ると、その企業規模のあまりの巨大さと拡大の急速さゆえに、この忍者集団はいつしか世界で明確な存在感を示すようになっていた。

20世紀末から、人類のライフスタイルはパソコンや携帯電話・電子ゲーム機などの普及によって大きな変貌を遂げた。鴻海はここで、デル・コンパック（現・ヒューレット・パッカード）・アップル・ノキア・ソニーなどの大手顧客を獲得し、倍々ゲームのように売上高を伸ばしていった。

鴻海がここまで成功できたのは、大手メーカーが要求する技術水準や納期をクリアしたうえで安価な製品を生産できるという、企業本来の能力が最大の要因だ（第1章参照）。だが、それと同じくらいの成長の原動力だと言えるのは、郭台銘の並々ならぬ人たらしぶりと、彼がトップダウンで決定するギャンブルすれすれの大胆な出資である。

私生活の吝嗇《りんしょく》ぶりが際立つだけに、その出資の凄まじさはとても同一人物の行動とは思えないほどだ。

強烈な人たらし術

現在まで、鴻海のパソコン製造部門の最大顧客となっているデルとの受注契約を締結した経緯については、伝説的な逸話がある。

1995年、同社の創業者でCEOのマイケル・デルが、当時爆発的な発展を続けていた中国広東省の経済特区・深圳を視察した。郭台銘は、この際に市の高官らが出席して開かれた歓迎会の場に紛れ込み、紹介者に頼み込んでデルが中国を離れる前の数時間を自分たちに譲らせたのである。

このとき、郭はデルの空港行きを故意に遅延させ、翌日のフライトを待たざるを得ない状況に追い込んだと伝えられている。

「大変申し訳ございません。ところで、深圳空港がある宝安区《パオアン》の龍華には弊社の工場がございます。明日、空港までお送りする道すがら、少しご覧いただけませんか」

おそらく、郭はマイケル・デルにこんなセリフを繰り返したことだろう。

イチかバチかの開き直りだが、叩き上げの経営者である郭は、ひとたび口説き落としたいと考えた営業相手には異常に愛想がいい。当時のデルはわずか30歳の若さで、柔軟性に富んでいたことも幸いした。結果、郭はデルの説得に成功し、彼の予定に自社見学のスケジュールをねじ込むことで強引にコネを構築してしまう。

もっとも当初、デルは郭の熱意には感心したものの、技術力の低い中国工場での大量生産に不安を隠さなかった。対して郭は、受注の決定前にもかかわらず採算を度外視してアメリカに工場を造らせ、デルの不安を解消することにした。

そのおかげで鴻海は、最終的にはデルからの大口の受注に成功したのである。

似た話はソニーのゲーム機、プレイステーション（ＰＳ）シリーズの受注についても伝わる。当時、郭は製造の委託が決定される以前からＰＳ専用の技術者を自社で大量に採用し、勝手に開発センターと工場を建設して、ソニーへの強烈な売り込みをおこなったとされている。

ソニー側はこの熱意にほだされる形でＰＳシリーズの製造を鴻海に任せた。

「１元のカネで１００元を稼ぐのはバクチ、１元で10元を稼ぐのは投機だ。１元を用いて５角《かく》（０・５元）を稼ぐことこそ、投資と言うのだよ」

後年、郭台銘はある台湾誌の取材を受けてそんなことを言っている。

確かに鴻海の創業以来、彼の行動には一攫千金の大儲けを狙うような傾向は薄く、最初は赤字か薄利しか望めなくてもカネを出す。むしろ彼の非凡さが際立つのは、リスクを取ることに対する異常な勝負度胸のよさだ。

創業初期に手持ち資金の大部分を投入して自社の金型工場を造って以来、郭は「将来稼げるかもしれない10元のために、前もって9・5元をつぎ込む」ような、かなり際どい出資をしばしばおこなっている。

そもそも、ある出資が「バクチ」か「投機」か「投資」かを厳密に区分できる客観的な基準はない。そのため、ワンマン型のリーダーである郭本人がそうであると言い張る限り、彼自身の理解では、どれだけ大胆な出資案件でも「投資」となる。

ただ、そんな賭けの的中によって、従来の鴻海の拡大が導かれたのも事実だった。

「実のところ、かつて手を出したファイバー分野への投資や、近年の中国市場でのネット商店の展開など、郭さんの『投資』が大コケしたケースも少なくありません。ただ、結果論から言えば全体の7〜8割は、郭さんの見込みは当たっているのです」

前出の林宏文はそう話している。いかにも華人系企業の経営者らしい結果オーライの行動（第5章参照）とはいえ、郭の「投資」もしくは「バクチ」の期待値は決して悪くない。

「シャープと鴻海は、いずれもグローバル企業だ。今回の件は買収案件ではなく、投資案件なのである」

2016年春、郭はシャープの買収についてもそう強調してみせた。

3888億円を投じたこちらの「投資」の結果は、吉と出るか凶と出るか？ その答えを握るのは、郭本人の確信がどこまで継続するかのみだと言ってもいい。

自己認識とのギャップ

「基本的に、俺たちはみんな皇帝に対するようにうちの社長に接しているよ」

一方、台湾誌『商業週刊《シャンイエヂョウカン》』は2002年にそんな従業員の声を伝えている。

鴻海はいつの間にか中小企業ではなくなり、グループの従業員数は当時すでに5万人規模に達していた。だが、規模がどれだけ大きくなろうと、会社の方向はすべて郭一人の意思によって動き続けた。

「皇帝」という表現は冗談交じりだとはいえ、「独裁為公《ドゥツァイウェイゴン》（公《おおやけ》の為に独裁す）」を公言する郭が、周囲からそう見られるようになったことは想像に難くない。特に中国共産党の専制体制に骨の髄まで慣れ切った中国工場のワーカーたちにとって、絶対的な権力を持つ「皇帝」の支配に従うことは、日々の仕事のなかでむしろ一種の安心感を抱かせるものですらあった。

皇帝、梟雄、独裁者——。

もっとも、カネと権力の行き過ぎた集中と個人崇拝は、こうした物騒な言葉とともに独り歩きしていく郭の外面《そとづら》と、ファストフード店でハンバーガーや牛丼ばかり食べている一人の台湾人の中年男との間に、大きな溝を作りはじめてもいた。

「私のことを皇帝であると呼ぶ者がいる。知らんよ、そんなことは。（略）私がどの皇帝に似ているというのだ？　知らんよ！」

２００５年、郭は台湾の経済誌『今週刊』の取材を受けた際、開口一番にそう話している。

「私は皇帝などではなく、イモっころなのだぞ。年末の忘年会でも、イモやらサンタやらの仮装をするだけで、皇帝の格好なんてしたことがない。多くの報道は私を偉大に描き過ぎているのだ」

忘年会の仮装のくだりは郭台銘なりの下手なジョークなのだろう。ちなみに、郭は２０１５年にも、かつてのシャープの堺工場であった傘下企業・堺ディスプレイプロダクト（ＳＰＤ）の忘年会の席上で、日本人社員を前にサンタ帽をかぶってカラオケを披露している。

ただ、メディアについての感想はおそらく本心だ。彼が引き続き語った以下の話も、私自身の周辺取材に照らして考える限り、やはり真実に近いだろうと思える。

「私は１カ月に１万台湾元（約３万４２６４円）も使わない。いまの携帯にはストラップすらも付けていないし、カバンも人からの貰い物。腕時計も使いきれていない。私はあまり物質的な楽しみを好む性質《たち》ではないんだ。（略）これが本当に、本当の私の姿なのだよ」

郭台銘は１９７４年に鴻海を創業して以来、人生の時間のほぼ１００％を仕事に投入し、１日に16時間働く生活を何十年も続けてきた。同時に、他者の立場や多様な価値観を慮《おもんぱか》る視点に欠けたところがある彼は、自分の働き方を基準にして部下たちにも同様の労働量と責任感を担うことを求め、彼らを限界まで酷使してきた。結果、会社はいつの間にか30万人以上（2005年当時）の人間を抱える「帝国」に変貌し、郭自身もアラブやヨーロッパの小国の君主に匹敵するほどの権力と財力の持ち主になった。

——ただし問題は、ここまで絶対的な存在に変わった郭本人の自己認識が、みずからの巨大さにまったく追いつけていないことであった。

「彼はいつまで経っても、自分が安定した大企業の経営者であるという意識を持っていない。創業中の会社を担っているつもりなんですよ。鴻海の社風が独裁的に見えるのも、この点ゆえなのです」

『今週刊』の林宏文が私に語った、郭についての人物評だ。

コーポレート・ガバナンスなどどこ吹く風で、周囲に猛烈な働き方を要求するワンマン経営も、生産ラインを放り出すやくざな従業員と怒鳴り合っているような、立ち上げ直後の町工場の経営者の振る舞いであれば仕方のない話だ。

だが、郭はこの創業当時の感覚のまま、21世紀のグローバル市場まで走り続けた。

彼を「皇帝」たらしめたのは、こうした彼自身の気質と自己認識のギャップの結果にほかならない。

しかし、2000年代もなかばに入り、郭台銘の目の前にこの矛盾を突き付ける事態が起こる。それは「皇帝」に非ざる一人の人間としての彼が、この世のなによりも大切にしてきたはずの家族や一族に関係する大きな悲劇であった。

カネで幸福は買えない

「お金があったからどうだと言うのです？　お金があっても幸せになれるとは限らないし、お金は万能でもないのです。どうしても買えないものだってあるのですよ」

——これは、郭台銘の妻・林淑如の言葉だとされる。

2003年1月26日、聯華電子《リエンホアディエンヅゥ》（UMC）の副董事長の娘の結婚式に出席した彼女は、「あなたのご主人が台湾一の富豪になりましたね」と挨拶した旧知の女性記者に、こう応じたというのだ。

「近ごろ、身体の具合があまりよくないのです」

「楽しみもお金では買えません。私たち夫婦は、結婚してすぐの頃がいちばん楽しかったと思うんです。お金はなくても、(現在と違って）夫婦で過ごす時間は長かった。私の気分がすぐれないときは、郭は私が笑うまでずっと冗談を言って相手をしてくれました。お喋り好きな人ですから、1時間ずっと話し続けていたこともあって……」

林夫人はそうわが身を嘆いて、目に涙を浮かべたそうである。

もとより台湾のメディアは、あることないことを見てきたように書く傾向が強い。しかも、このエピソードを記した女性記者は郭をヒステリックなほど嫌っている人物なので、右の話を全面的に信じていいのかは少し悩ましい部分もある。

ただ、当時の林夫人が気弱な言葉を吐いても不思議ではない精神状態にあったのは確かだった。

彼女は当時、後に自身の生命を奪うこととなる乳癌が見つかり、大きなショックを受けていたのである。

――人間の生老病死《しょうろうびょうし》は、カネだけでは解決できない。

郭台銘は糟糠《そうこう》の妻の重病を聞いてあちこちの名医を探し回り、最高レベルの医療を受けさせる一方で、風水などの神頼みに盛んに縋《すが》ったという。第4章で紹介した、板橋《バンチャオ》の慈恵宮《ツゥフィイゴン》への巨額の寄付もこの時期におこなわれたものだ。

また、郭は2002年、10億元（約36億2660万円）を投じてチェコにある築100年の古建築をまるごと購入し、「Casa Serena（セレナの城）」と林淑如のイングリッシュネームを冠してプレゼントしている。平素の彼には似合わないロマンチック過ぎる行動だが、やはり病気が見つかった妻を励ますためだったのだろう（もっとも、当初の郭はこのプレゼントに「テリーの城」と名付けるつもりだったらしく、微妙に垢抜けない彼のセンスも垣間見える）。

ともかく、不器用ながらも郭は郭なりに妻を大事に思い続けてきたらしい。

従来、彼は多忙な暮らしのバックアップを林夫人に任せきりにしており、服はいつも彼女が準備したものだけを着て、髪の毛もしばしば自宅で切ってもらっていた。ある講演の席で、珍しく照れたような表情を浮かべて妻の内助の功をのろけてみせたことすらある。

だが、これまで私生活を顧みずに働き、部下にもそんなワーキングスタイルを強要してきた以上、彼はにわかに自分の休暇を増やすわけにはいかなかった。

加えて当時の鴻海は、ハイテク産業への参入を本格的に開始し、チェコやメキシコで盛んに工場買収をおこなって事業転換を図っていた時期でもあった。

「世間には悪く言う人もいるけれど、やはり鴻海はすごい会社だし、郭さんがいたからここまでこられたんだ。郭さんは当時（2005年頃）も、仕事に専念しているときは普段と変わらない様子だった。ただ、ときおり悲しい顔を浮かべて、周囲の部下にボソッと奥さんへの心配を漏らすことがあった」

鴻海の元高級幹部・戴豊樹《たいほうじゅ》（第2章参照）が当時の社内で目にした郭の様子だ。

ワンマン経営者の郭は、どうしても一線を退くことができなかった。

林夫人が「夫婦で過ごす時間」の短さを嘆いたのも、あり余るカネを持ちながら病身の自分の身辺にいることさえできない、夫への不満がつい口をついたのだろう。

癌の不安を抑えるためには、はるか遠くの国にある邸宅をプレゼントされるよりも、もっと大事な特効薬があったはずなのである。

仕事の奴隷と化す皇帝

「多くの人は私の引退を信じてくれないが、私は必ずそうする。絶対、99・9％そうするのだ。２００８年には必ず後継者にバトンを渡す」

こちらは郭台銘が『今週刊』誌上で語った言葉だが、郭は同様の引退宣言を２００２年３月に開いた鴻海の尾牙《ヴォエゲェ》（旧正月の忘年会）から再三おこなっている。引退宣言は父の郭齢瑞《かくれいずい》が死去する３カ月前になされており、家族の重病に際してもろくに傍にいられない状況を、郭自身もかなり深く悩んでいたようだ。

この時点で郭は、11歳年下の末弟・郭台成《かくたいせい》を後継者候補に考えていたとされる。１９８９年から郭がアメリカに数年間赴任していたときに、台湾の本社業務を任せていた人物だ（ちなみに郭と年齢が近い長弟の郭台強《かくたいきょう》は温和な性格が災いしてか、１９９８年に郭の経営方針についていけず、鴻海グループの中核の職務から離れている）。

「私は雍正帝《ようせい》のように、一年じゅう国事にあくせくと取り組んだ挙句に、最後は公文書の上で死ぬようなことはしたくないんだ」

2003年、郭台銘はこんな弱音も吐いている。

彼が名を挙げた「雍正帝」というのは、18世紀の清朝の第5代皇帝だ。

雍正帝は異常に責任感が強く、ことさら質素な生活を好んだ。そして、中国全土に配置された無数の部下たちに詳細なレポートの提出を義務付け、そのすべてに目を通して朱筆で意見を書き込んで返送するという、超人的な労働量の仕事（硃批奏《しゅひそう》摺《しゅう》という）に没頭した。

「禽獣でもお前よりはましだ」

「（貴様は）無学で無能で欲深で見当違いだ」

「朕《ちん》に対して聖人だの何のかのというお世辞の言葉は大嫌いだ。こんな下らぬ手紙は目を通すひまが惜しい」

（宮崎市定『雍正帝　中国の独裁君主』中公文庫）

自分の要求水準を満たさない部下を徹底的に叱責し、無能な人間は容赦なくクビにする恐怖政治を敷いていたことが、台北の故宮博物院などに現存する当時の文書から明らかになっている。

雍正帝は毎日4時間ほどの睡眠しか取らずに働き続け、2000年代中盤時点での郭台銘と同年代の56歳で崩御した。過労死だった可能性が高い。

記者の取材には「私がどの皇帝に似ているというのだ?」と話した郭だが、誰よりも本人がその問いの答えを知っていたのだろう。

——当時、郭は明らかに人生に疲れはじめていた。

だが、ひとたび独裁帝国の君主となった者は、いかなる事情でも休むことを許されない。すべてのカネと権力を握る「皇帝」の本質は、誰よりも自由を持たない仕事の奴隷であった。

私は涙をこぼさない

「私はめったに涙をこぼさない。涙はすべて腹のなかに溜め込み、誰にも涙を見せないのだ。感動したときには腹のなかに溜める、つらいときにもやはり腹のなかに溜める」

――この言葉から2カ月後の2005年3月12日、林淑如は55歳で死去した。

郭台銘は葬儀の場で、喪主の挨拶の言葉を何度も詰まらせながらも、顔にサングラスを掛けて涙を隠そうとした。そこでは、生前の亡妻と同じような言葉を口にしている。

「私は自問自答したことがある。私もよくわかっているのだ。……カネは万能ではない。カネで幸福は買えない」

さらに私生活の不幸は続いた。林淑如の死去の翌年、後継者候補に考えていた末弟の郭台成に白血病が見つかったのである。

郭台銘は例によって名医を探し回り、なりふり構わない手段で弟を救おうとした。中国のフォックスコン工場の若くて健康なワーカーのうちから、弟と身体的な形質が近いと思われる山西省（父の出身地）近隣各省の出身者を選抜し、なかば義務的に骨髄献血を募ったことで、２００６年の『第一財経日報《ディーイーツァイジンリーバオ》』の記事（第２章参照）で批判されたことすらある。

だが、治療の甲斐なくこの弟も２００７年に北京の病院で死去してしまう。

「天は私に対して不公平だ！」

当時の郭台銘の言葉である。

皮肉にも、鴻海グループはこの期間中にも企業規模を爆発的に拡大し続け、２００４年にはシンガポールのフレクトロニクスを追い抜いて世界のＥＭＳ企業のトップに立った。中国の企業別輸出金額でも１位となり、鴻海の工場で作られたパソコンや携帯電話やデジタルカメラは、大手メーカーの名を冠して全世界に広がっていった。

　電子製品を使って便利で楽しい生活を送りたい人間の欲望と、それに伴う天文学的な金額のカネを呑み込み、不気味なほどに拡大していく鴻海帝国は、その一切が郭の意のままに動いた。だが、自分は世界で最も大事に思っていた人間を二人も救うことができなかった。

——郭の精神はこのとき、大きな軋《きし》みを立てて崩壊を開始した。

第7章　信仰への熱中、強烈な家族愛

豹変する郭台銘《かくたいめい》

【テリーに注目】　郭台銘が大変身!?　古臭いおっさんからイケてるメンズに

〝かつて郭台銘の衣服はすべて夫人の林淑如《りんしゅくじょ》が整えていた。だが知られているところでは、林夫人の逝去後、まず鴻海《ホンハイ》グループの担当者が（台湾でアルマーニの代理店である）裕隆《ユウイロン》グループのCEOに直接連絡を取ったことで、林夫人の葬儀から郭はアルマーニのスーツを身に着けることになった。そして近頃、香港の人気女優の劉嘉玲《りゅうかれい》と何度もデートするようになると、郭のルックスはどんどん若返り、笑みをこぼすことも多くなった〟

〝郭台銘はどんどんスタイリッシュになってきた。特に彼についてのニュースが経済面から芸能ゴシップ面に移った近頃は、写真に撮られる郭のファッションはより若々しくなった。身体にピッタリとフィットした流行のスーツを身に着けるときもあるし、劉嘉玲と中国の海南島《ハイナン》に遊びに行ったときには真っ赤な装いでキメた。彼女と宜蘭《イーラン》県(台湾北東部の県)に行ったときはカジュアルな着こなしを見せた。

変わったのはファッションだけではない。ヘアスタイルも若々しくなった。このビックリのビフォー・アフターは、流行の最先端を行くお友達の劉嘉玲のアドバイスだ。満面の笑みを浮かべる郭台銘は、心持ちもどんどん若返っているのだろう。〟

(「台銘聚焦/郭台銘変了!　伝統熟男変品味型男」『TVBS新聞』2007年2月14日　12時17分　http://news.tvbs.com.tw/politics/334496)

これは台湾の主要テレビ局・TVBSのウェブ版の報道である。

林淑如の死から約2年後の2007年春、郭台銘は従来とはまったく異なる形でメディアに追い掛け回されることとなった。

もっとも、それも無理はない。このとき話題になったのは、当時56歳の彼が香港の人気女優・劉嘉玲(当時41歳)と男女の仲にあるという芸能スキャンダルだったからだ。

劉は、日本のレンタルＤＶＤ店にもしばしば置かれている著名な香港映画『欲望の翼』や『２０４６』『インファナル・アフェア』などに出演している。中華圏では知らぬ者のいない名女優だ。日本の香港映画ファンの間でも「カリーナ・ラウ」の名で親しまれている。

郭は２００６年末に北京で開かれたチャリティ会場や、翌年１月に台北市内で開かれた連勝文《れんしょうぶん》（中国国民党元主席・連戦《れんせん》の息子）の結婚式に、劉と手をつないで出現。その後も、当時買ったばかりのプライベート・ジェットに彼女を乗せて、台湾や香港、中国のリゾート地であ

2007年、劉嘉玲と2人でいるところを記者の質問攻めに遭う郭台銘
写真：AFLO

る海南島などを飛び回った。海南島では、シェラトンホテルのスイートルームに滞在し、海外要人が楽しむ高級レストランの食事に舌鼓を打つという、従来の彼では考えられない行動に出ている。

冒頭の記事の通り、外見も派手になった。これまで林淑如が準備した既製品のスーツや、ときには作業服やポロシャツと野球帽姿で土城《トウチェン》や深圳《シェンヂェン》の工場をうろつき回っていた男が、いきなりアルマーニのオーダーメイドのスーツを身に着けるようになったのだ。

頬にあったシミもいつの間にか消え、以前は白髪頭でくせ毛もそのままだった髪の毛も、黒く染めて整えるようになった。かつて、家で林夫人に切ってもらったり、ときには中国の工場内のワーカー用の理髪店で散髪を済ませたりしていた頃とは大違いである。

8000万円で美女とタンゴ

しかし、一時は真剣に再婚を検討したという劉嘉玲との関係は半年も経たずに冷めた。

２００７年２月16日に郭台銘は、鴻海の尾牙《ヴォエゲェ》（旧正月の忘年会）の場に「台湾ナンバーワンの美女」と呼ばれるトップモデルの林志玲《りんしれい》（リン・チーリン　当時32歳）を２２２０万台湾元（約７９５９万円）とも言われるギャラを払って呼び、上手とは言えないステップでタンゴを踊った。

Google検索で当時の映像や画像を見ると、肩をあらわにしたミニスカートの林志玲の腰を抱き、ややしまりのない顔を見せる郭の姿が確認できる。

郭と林もその後はしばらく、口さがな

「郭台銘」「林志玲」という単語で画像検索をおこなったパソコン画面。大量の「タンゴ写真」がヒットする

いメディアから男女の関係を疑われた。他にも美人書法家の陳香吟《ちんこうぎん》をはじめ、歌手や女優など美女ぞろいのガールフレンドたちの存在が何人も噂された。

あえて日本の社会に置き換えれば、郭と同じく「1日に16時間働く」と公言する日本電産の創業者・永守重信《ながもりしげのぶ》のようなストイック型の経営者が、突然イケイケのちょい悪《わる》オヤジ風の外見に変わり、天海祐希や鈴木京香のような女盛りの独身美女たちをとっかえひっかえしてデートを繰り返しはじめたようなイメージだろうか。

——これに色めき立ったのが現地の芸能ゴシップ業界である。

台湾には優しく世話好きな人が多いが、一方で3度の飯と同じくらいゴシップを愛する人も多いという困った国民性がある。そのため、メディアは売れるためならば怪しげな情報でもまことしやかに書き立てるし、えげつない見出しも平気でつける。日本では眉を顰《ひそ》められるようなパパラッチ行為をも平気でおこない、他人の私生活や心の中に土足で踏み込む。ことゴシップ報道に関して、台湾人は意外と残酷な素顔を持つ人たちだ。

そんな彼らにとって、大富豪の迷走は格好の娯楽のネタとなった。

鴻海の業績は好調であり続けていたものの、経済ニュースよりも芸能ニュースに盛んに登場するようになった「皇帝」の姿に、鴻海の従業員や株主は困惑した。

前妻の命日

一方、当時の郭台銘が、ファッショナブルな恰好をして美女に囲まれる毎日に楽しみや幸せを覚えていたのかと言えば、まったくそうではなかったようだ。

劉嘉玲との噂が持ち上がっていた2007年3月12日、郭は前妻の命日に母と長男・長女、弟の郭台強《かくたいきょう》の家族らとともに一族の墓所「愛物園《あいぶつえん》」を訪れ、2時間を過ごしている。

林淑如の墓がある郭一族の墓所、「愛物園」。周囲には父の郭齢瑞、弟の台成の墓もある

翌日付の現地紙『聯合報《リエンホォバオ》』によれば、郭は墓石代わりに置いた林淑如の胸像に、「こいつが新婚の頃の写真を見たいと言っている夢を見たんだ」と、夫婦の結婚当時の写真を何枚か供えたという。

当日の郭の服装は、近頃のユニホームとなっていたアルマーニではなく、地味な黒のブルゾンにどこかのパソコン会社のロゴが入った赤い野球帽という、以前のいつもの姿だった。

この時期、台湾の経済誌『今週刊《ジンヂョウカン》』が、珍しく仕事の話をメインとしない郭の単独インタビューを掲載している。

「取材当時、もともと私生活のことを尋ねる予定はなかったのですが、記者がふと質問を口にしたところ、郭台銘さんの側が堰《せき》を切ったように話しはじめたのです。弊誌の掲載前に記事内容を鴻海側に確認しましたが、郭さんは非常に喜んでいたとか。弊誌のこの記事は、当時の郭さんの心情をかなり高い精度で伝えたものであると自負しています」

私のメールでの問い合わせに、同誌の編集部は記事の背景をこう説明する。取材当日の郭は機嫌がよく、他の話題も含めれば食事の時間すら忘れて数時間も喋り続けたという。

特集名を「鴻《ホン》海《ハイ》郭《グオ》台《タイ》銘《ミン》的《ダ》愛《アイ》情《チン》与《ユィ》帝《ディー》国《グオ》（鴻海・郭台銘の愛情と帝国）」と題した『今週刊』の該当号は、普段よりもずば抜けてよく売れた。

私は自分が憎い

鴻海の従業員向けの『郭台銘語録』や、郭を称賛する書籍には決して登場しない赤裸々な本音に満ちた、当時の談話の一部を以下に紹介しよう。

〝**問**：郭さんは劉嘉玲さんについてどうお考えなのですか？

郭：一緒にいられればよいとは思うが、これればかりはご縁だ。自然に任せることにするよ。（略）実のところ人間は、感情の動物であって理性の動物ではない。感情がなければ、人生は空虚で荒涼としたものとなる。私もごく普通の人間なのだ。いまの自分になにが必要なのか、自分でもよくわからない。まことに、いやまったく、まことに当惑しているのだ〟

〝問：あなたはどんなタイプの女性がお好きなのですか？

郭：答えようがないよ。本当によくわからない。（略）私はビジネスの経験には富んでいるが、この手の経験はほとんどないんだ。他の多くの人たちと比しても、本当に少なくてな。だから、尋ねられても答えようがない〟

〝問：ということは、ご再婚の可能性はあるのですか？

郭：それはする必要があると考えている。母（初永真《しょえいしん》）もそうせっつくんだ。（略）以前に私は引退を早めると表明したことがあるが、いまはそうは思っていない。あれは妻の存命中に、彼女と一緒に自然でも眺めて過ごす時間を増やしたいと思ったから言ったことだったんだ〟

〝問：再婚相手に対して恋愛感情は持ちますか？

郭：感情について、私はすでに氷漬けにして封印している。もはや荒廃して久しいよ。いつか春が来て、氷を溶かしてくれるときなんて来るのかね（大笑）。周囲は私を「年を食って色ボケになった」だとか何とかいろいろと言うがな（笑）。私は気にしないよ。もしも気にし過ぎるようならば、再婚相手など探さなければよいのだ。

私は感情の面においてはとても幼稚だ。服の一着だって買えないのだぞ。いまさらそれを変えようとしても変えようがない。女性についても、誰かと付き合えばメディアがあれこれ書くだろうから、結婚を前提とせぬ限りは付き合いようがない。だが、まったくもってこれはな、どんどん難しくなっている〟

（「郭台銘：『和劉嘉玲就順其自然』」『今週刊』534期　2007年3月15日）

実際に取材を担当した記者によれば、語り口は明るかったという。

だが、談話の内容には虚無感が漂う。

「感情がなければ人生は空虚で荒涼とする」と言いながら、そのすぐ後に「（恋愛の）

感情は氷漬けにして封印した」と言っているのだ。これはすなわち、自分の人生が冷たく虚《むな》しいものであると語ったに等しいだろう。

一見、メディアからは美女をとっかえひっかえしているように見えた郭の行動は、実際は孤独を癒すためのものだった。本人は、いたって真面目に再婚相手を探しているつもりだったのだ。郭は客観的に見てセレブリティであるため、会う相手も彼の地位に見合うハイクラスの女性が多かったというだけのことである。

とはいえ、郭はモテるための外見を整える方法も、女性を喜ばせる話し方も知らない。そもそも従来の人生でそんなものが必要だとは思ってこなかった人間だ。そのため、郭はかつて林淑如を慰めるためにチェコの「セレナの城」を買ったり、仕事を便利にするためにプライベート・ジェットを買ったりしたときと同じように、自分が持っている唯一の資源（＝カネ）で問題を解決できないかと考えたようである。

だが、恋愛感情を封印してなかば義務的に再婚相手を探す56歳の大富豪のもとに集う女性は、やはり男女の感情とは異なった目的を持つ人ばかりだった。さもなくば、しばらく付き合ってから、当時の郭の内面に漂う虚無感を見破って距離を置いていった。

「カネがあっても楽しみはやってこない……。I hate myself（私は自分が憎い）」

『今週刊』の特集記事は、郭台銘が取材中にそんな言葉を口走ったことを驚きを込めて記している。

普通のおっさん、郭台銘

「郭さんがここに来るときは気楽なもんさ。ブランド物のスーツなんて着やしない。ポロシャツと短パンにサンダルだ。革靴を履いているときでも『このほうが涼しい』なんて言って平気でカカトを踏んでペタペタ歩いている。どこにでもいる、普通のおっさんだよ（笑）」

――話は9年前の悩める時代から、現在の2016年5月15日に飛ぶ。

新北《シンペイ》市土城区の鴻海本社から、南に1キロほど下った場所にある道教の廟《びょう》（信仰施設）で、郭台銘の友人・林金結《りんきんけつ》はそう話して笑った。土城順聖宮《シュンシエンゴン》という廟である。

取材に応えてくれた順聖宮の主委の林金結（左）と、「寺男」の李氏（仮名）

順聖宮入り口

郭台銘の「生家」である板橋《バンチャオ》の慈恵宮《ツウフイゴン》は、巨大でなかば観光地化した（日本でいう富岡八幡宮《とみおかはちまんぐう》や成田山新勝寺《なりたさんしんしょうじ》のような）場所だが、こちらは村の鎮守様のようなこぢんまりとした施設だ。

廟の建物は、もともと郭の友人で地元選出の元議員・盧嘉辰《ろかしん》（第5、6章参照）の生家であり、盧が出世して別の場所に居を構えてから、実家を道士に寄進して道教の施設に改装した。

林金結は現在、順聖宮で主委《ヂュウウェイ》（日本の神社でいう氏子《うじこ》代表）を務め、本業は地元の新北市の市議だ。盧嘉辰と林金結の所属政党は中国国民党だが、2人とも本省人であり、党内の本土派（中国アイデンティティが弱い台湾土着系の国民党員）の系譜に属している。

「郭さんは以前から1年に数回来ていたけれど、2011年頃から特によく来るようになった。忙しい人だから、月に数回来るときもあれば数カ月空くときもあるけれどね。短くても30分、長いときは2～3時間も過ごしていく」

廟内で働いている別の男性・李国崇《りこくすう》（仮名）は話す。

この廟で祀《まつ》られているのは、道教のカミサマ・関帝《かんてい》（三国志の武将・関羽《かんう》）だ。郭台銘の関帝好きは有名で、自分のフェイスブックにもしばしば関帝の画像を投稿している。シャープ買収に伴う来日時に首に巻いた黄色いマフラー（後述）も、関帝のゆかりの品だった。

だが、関帝はもともと北方中国系の武と商売のカミサマであり、海の女神の媽祖《まそ》などと比べると台湾社会での人気は相対的に高くない。では、なぜ郭は関帝が好きなのか。

「郭さんはご実家が山西省（関羽の出身地）だし、警官だった親父さん（郭齢瑞《かくれいずい》）の代からの習慣もあるんじゃないかな。警官や軍人は関帝が好きな人が多いからね。あと、うちによく来てくれるのは、会社に近い土城にあって、盧嘉辰さんと郭さんが友達だからだと思う」

李国崇はそう説明する。

武神・関羽《かんう》への崇拝

台湾は日本よりも、庶民の生活とカミサマやホトケサマとの距離感が近い。

礼拝堂と壁なしで続いた隣の部屋にある机の上には、廟に集まる地域住民が食べるパイナップルやマンゴー、駄菓子が散らばり、封を切ったタバコが無造作に置かれていた。壁にはどこかの保険会社の粗品のような安っぽいカレンダーや、1年間の廟の行事予定が貼ってある。唯一のハイテク製品は、郭が寄進したインフォーカス（鴻海のテレビブランド）製の液晶テレビだけだ。

仮に雀卓《じゃんたく》でも置かれていれば、ほとんど一昔前の大学のサークルの部室である。洗練された高級感とは程遠い雑然とした空間だが、それが好きな人にはきっと居心地がいいだろう。

ならば、郭はここで数時間も何をやっているのか。

「お祈りをした後は、ここでお茶を飲みながら四方山《よもやま》話をする。おれたちはなんでも喋るけれど、本当にただの雑談だなあ。郭さんが仕事の話題を話すことも、ないことはないけれど……。少ないねえ。ここはそういう場所じゃないし、郭さんも『厳しい経営者』みたいな偉ぶった雰囲気はこれっぽっちも見せないよ」

李国崇は議員でもなんでもなく、この廟で30年間働く寺男《てらおとこ》に相当する人だが、郭との間で特に大きな上下関係はないようだ。

郭は短パンにサンダル履きでこの「部室」の机を囲む。彼はタバコこそ吸わないものの、李をはじめとした地元のおっさんやおばはんに交じって、台湾茶をのんびりと飲んで果物を食べる。

主委の林金結もこう言う。

「茶飲み話はいろいろするけれど、仕事のことはほとんど話さないな。ただ、政治の話はするよ(笑)。郭さんから『おまえさあ、次の選挙はどうよ? 頑張れよなー』って、ニヤニヤしながら肩をつつかれたことがあるぜ」

ここでは鴻海も国民党も存在感がない。

郭と盧嘉辰や林金結の関係も、市内に本社を置くグローバル企業の経営者と地元政治家との知られざる蜜月関係——、というよりも、地元のスナックで町工場の大将と町内会の役員がじゃれ合っている感じに近いように見える。

ちなみに郭台銘は、この廟にいつも一人で来るわけではない。

ときには古参幹部の黄秋蓮《こうしゅうれん》（通称・銭ママ、鴻海の金庫番）や戴正呉《たいせいご》（２０１６年８月からのシャープの現社長）などの気の置けない社内関係者を伴って会社帰りに立ち寄ることもあるが、オフの日は別である。「寺男」の李国崇は言う。

「台北にある家から、奥さん（曾馨瑩《そうけいえい》）と小さな子どもたちを連れてくるんだ。子どもをそこらで遊ばせているよ」

周辺を指さす。郭自身も幼い頃に板橋の慈恵宮で育っているので、道教の廟のなかで遊び回る子どもの姿は彼の原風景なのかもしれない。

「奥さんかい？　ありゃあ素敵な人だよ。カネを持っていることをひけらかさないというか、大富豪の奥さんらしいところが、いい意味で『ない』んだ。誰に会っても笑顔を見せてくれる人さ」

こうした曾夫人への評価は、順聖宮の人々だけではなく、私がこの本の取材のなかで出会った彼女を知るあらゆる人たちに共通している。たとえ郭本人に対して功罪相なかばする評価を下す人であっても、曾夫人を悪く言う人は見たことがない。

郭台銘が曾馨瑩（当時33歳）と再婚したのは、彼がどん底の状態で『今週刊』の取材を受けた1年5カ月後の2008年7月26日である。郭が彼女と出会ったきっかけは、2007年2月の林志玲との「タンゴ事件」の前にダンスのレッスンを受けたことだった。

台湾メディアによれば、郭は交際中の段階で「彼女からはカネのにおいが感じられない」と語ったとされ、このことが彼女を選んだ大きな理由になったようだ。結婚時、郭は曾夫人との話し合いのうえで、100年後に全財産の9割をチャリティに寄付することを発表している。

曾夫人との結婚は、迷走しかけていた郭の素顔を、気張った「皇帝」でも「空虚な大富豪」でもない、以前と同じ「普通のおっさん」に戻してくれる出来事になった。

「カネのにおいが感じられない」新妻

曾馨瑩は1974年生まれで、台湾中部の田舎町である南投《ナントウ》県の出身である。

台湾の経済誌『財訊《ツァイシュン》』によると、曾家は本省人の一族で、父の曾勝煌《そうしょうこう》は元国民党の専従職員、母の陳瑞穂《ちんずいすい》は元公務員（ともに現在は退職）。曾夫人の兄は台湾の家電大手・大同《ダートン》（ＴＡＴＵＮＧ）の重役で、２人の姉妹は美容関係の仕事に就いている。また、別の報道によれば母方の祖母は日本人だとされる。

曾夫人自身はプロのダンス講師で、歌手の蔡依林《さいいりん》や孫燕姿《そんえんし》（日本で言えば安室奈美恵や浜崎あゆみに相当する中華圏のトップ歌手）、モデルの林志玲など、多数の芸能人の振り付けを担当してきた。現地報道では、結婚前のダンス講師としての月収は多いときで40万～50万台湾元（約１３２万～１６５万円）もあったとされ、もともと自分の腕一本で生活できる自立した女性だったようだ。

曾夫人の性格や人生観は、結婚直後の２００８年12月にビジネス誌のインタビューを受けた際の発言からおおむね察することができる。

〝私たちの結婚は本当にご縁でした。でも、もしも彼（＝郭）がダンスを好きじゃなければ、私たちはこうなっていないと思います〟

〝私にはまったく理解できない世界なので、夫の事業に参加したいとは思いません。彼のほうから言われでもしなければ、私自身はまったくやりたくないですね〟

〝(もし結婚していなければ) 自分自身の人生を生きていると思います。毎日ダンスのレッスンをしていても、私は幸せなんですよ(笑)〟

(『Cheers』「曾馨瑩：讓郭台銘動心的特質」 2008年12月)

郭台銘と曾馨瑩は結婚翌年の2009年4月30日に、2人の間での長女をもうけ、その後も2010年11月に長男、2014年11月に次女を授かっている。

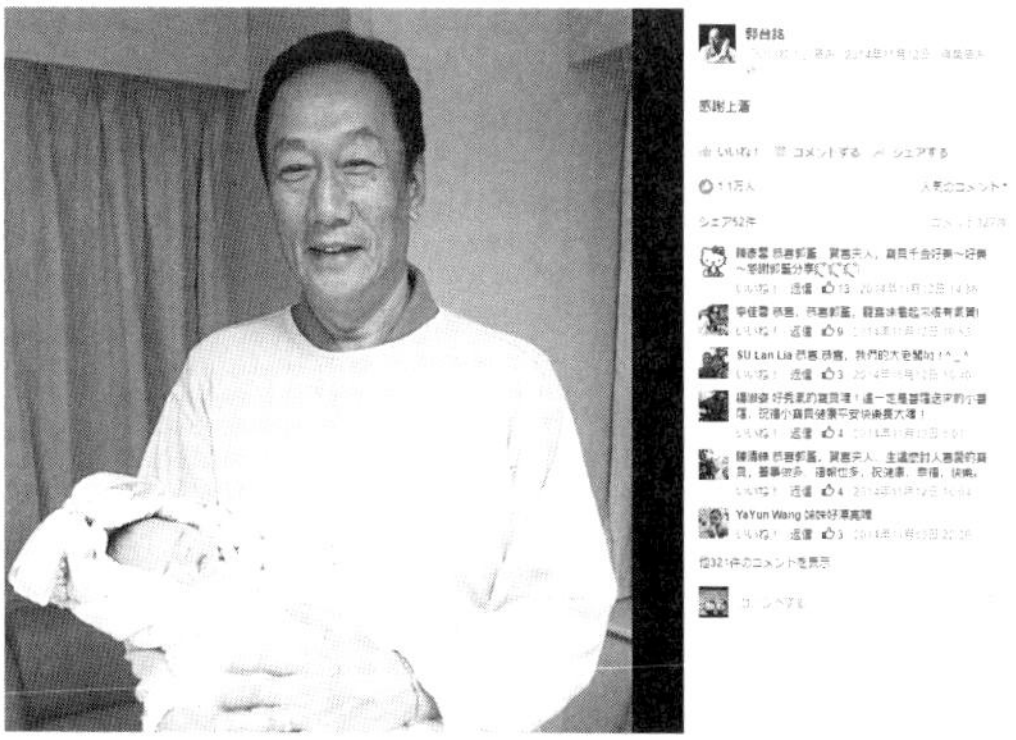

フェイスブック上で曾夫人との次女の誕生報告をおこなう郭台銘

２０１３年10月に曾夫人が女性誌のインタビューに答えたところでは、郭は海外出張の際に空港へ見送りや出迎えに向かった彼女と、出入国審査業務をおこなう係員の目の前にもかかわらず平気でキスをするという。

再婚以前には「（恋愛）感情は氷漬けにして封印した」とまで話していた郭だが、24歳違いの妻との夫婦仲は極めて良好のようだ。

結婚が変えたもの

郭台銘の近年の家庭生活や育児について、もう少し見ておこう。以下は２０１５年８月に台湾の育児雑誌『親子天下《チンズゥティエンシャー》』に掲載された、曾馨瑩のロングインタビューである。

〝**問**：夫婦に口ゲンカはつきものです。万が一、郭台銘さんと口ゲンカになったときはどうやって解決しているんですか？

曾：（略）ガマンできないと思ったときは、言うことは言いますよ。以前、彼に「私はあなたの社員じゃありません。そんなに大声を出さないでください」と言ったこともありました。
でも、彼も口ゲンカは嫌いです。なにより、毎日家に帰ってきたときはすごく疲れていますし、私とたくさん話をするのも大変そうです。
……そこで、私はある日ひとつの作戦を思いつきました。彼はビジネス文書が大好きな人なので、思いきってこの方法で彼とコミュニケーションを図ろうと。つまり、ビジネス文書形式で手紙を書いて、彼の書類入れに入れておくんです。すると彼はそこに意見を書き込んでくれる。私はそれに一言二言の感想を書き入れる。彼はその感想にわざわざラインを引いて「私はそうは思わない」と書いたりする。彼はこの「ビジネス文書」を読み終わったら最後にまとめを書き入れて、サインをするわけです。（略）
夫婦が仲良くするのにいちばん大事なことはコミュニケーションだと思うんです。相手の個性を変えようなんて考えてはダメで、お互いに合ったコミュニケーションの方法を探せばいいんですよ〟

〝問：郭台銘さんはどんな父親なのですか？

曾：子どもが大好きでたまらないパパですよ。彼は家で子どもがグズったときは「いないいないばあ」をしてあげます。そして、いざ子どもと遊ぶとなると、もうおかしいんじゃないかと思うくらい徹底してやるんです。彼はなんでもマジメに限界までやり遂げないと気が済まない人なので、しょっちゅう「制御不能」になるまで遊び続けるんです。私が母親として危険を覚えてしまうラインまで遊びます。

例えば、バスルームの脱衣籠《かご》のなかに赤ちゃんを入れてブランコみたいに思いきり揺すったことがあって。本人はこれが楽しいだろうと思ったみたいなんですが、私は万が一のことがあったらどうするのと青くなりました。すぐにやめさせました〟

（李翠卿「専訪曾馨瑩談7年『郭太太』生活—和霸氣郭台銘的相処之道：柔才能克剛」『親子天下』ＷＥＢ版　２０１５年８月20日　http://www.storm.mg/lifestyle/63157）

日本のメディアでお馴染みの、恐ろしくて居丈高《いたけだか》な郭台銘と同一人物とは思えない姿だ。結婚前の資産の差で言えば、おそらく世界有数の玉の輿だったにもかかわらず、夫婦の手綱《たづな》はもしかしたら本当は奥さんの側にあるのではないかとも思えてくる。

「結婚前の曾さんは仕事に対してかなり厳しく取り組む人で、外見にもあまり構わないタイプでした。でも、結婚してママになってからの動画を見ると、以前よりも雰囲気が柔らかくなって、きれいになったんです。幸せなんだと思いますよ」

結婚前の曾馨瑩と仕事上の接点があった、台湾のテレビ業界関係者の女性は筆者の取材にこう話している。

子どもと遊ぶ郭台銘の姿を報じる台湾大手紙
『蘋果日報』のWEB記事画面

郭夫妻は子どもに過度の贅沢をさせない教育方針らしく、息子や娘をファストフード店のキッズコーナーで、平気でほかの子に交じって遊ばせている（第6章参照）。台湾側の報道写真を確認する限り、郭が2016年4月のシャープ買収会見時に母と妻と長女（曾夫人との長女）を連れて来日したときも、長女が背負っていたのは『アナと雪の女王』のキャラクターがプリントされたペラペラのビニール製のリュックサックだった。キッズ向けのブランド品を持たせたりはしない主義らしい。

近年の報道によれば、郭は子どもが生まれてからやや働き方が変わり、会議の回数を少し減らし、子どもに会うため早く帰ることも増えたという。また、朝はいつも子どもを車に乗せて学校まで送り届け、車内で宿題を見てやるのが日課になった。

一方、前夫人の林淑如の墓参りも欠かしていない。林夫人と弟の郭台成《かくたいせい》の死後に開始した癌研究プロジェクトへの支援活動も熱心におこなっている。

郭台銘の信仰とシャープ

――こうして、一時は際どい精神状態にあった郭台銘は復活を遂げた。

それどころか、たぐいまれな理解者を得て私生活の幸福度が格段に向上したことで、以前よりもさらにタフで健康的なスーパービジネスマンになってしまった。

郭の復活は結婚生活の充実に加え、鴻海をめぐる環境の変化によるところも大きい。

２００７年のサブプライム問題にはじまる世界金融危機や、その後のスマートフォンブームによる携帯電話市場の変化によって、従来の大口顧客だったノキアやモトローラが見る影もなく没落した。結果、郭は鴻海の経営に対するダメージを最小限に防ぐために、仕事の時間内には従来以上に苛烈な働きぶりを見せるようになった。国際経済の多少のトラブルは、むしろ郭を復調させるための治療薬になったとすら言えた。

当然ながら、台湾じゅうのゴシップメディアに追い掛け回されていた頃のような、私生活における郭の派手な振る舞いは影を潜めた。服装も、ビジネスの場では以前よりも洗練されたスーツを着こなすようになったが、それ以外のときのファッションは以前に戻った。

近年、郭台銘が経済ニュース以外で話題を集めた最も派手な行動は「信仰」の分野だ。

２０１３年の春、郭は父の故郷に近い山西省運城《ユンチェン》市の解州《ジエヂョウ》鎮にある中国最大級の関帝廟から、巨大な関帝の神像をプライベート・ジェットでみずから台湾まで運んできたのである。２体あった神像は台湾中を巡って民衆の信仰を集めた後、

土城の順聖宮に郭が寄進した神像

1体は高雄市《ガオション》にある台湾仏教の大寺院・佛光山《フォグアンシャン》におさめられ、もう1体は郭の行きつけの場所である土城の順聖宮に祀られた。

「シャープの買収交渉のときに、郭さんが首から黄色いマフラーを掛けているのが話題になっただろう？　あれは2013年当時、山西省の関帝廟から20本くらい持ち帰ってきたもののうちの1本なんだ」

先に登場した順聖宮の主委・林金結は、私にこんな話を教えてくれた。

買収交渉の進行中、郭が身にまとっていた見慣れない関帝マフラーは、日本人

2016年4月2日夜、シャープの髙橋興三社長（当時）と2人で関帝マフラー
写真：AFLO

の目には「怪しげな成り金の中国商人」の象徴であるように見えた。
だが、郭の側はそれが日本人にどんな印象を与えるかなどは何も考えておらず、ここいちばんの勝負どころにラッキーアイテムを身に着けただけだったのだろう。関帝のマフラーは、郭にとっては自身の血の故郷（山西省）と心の故郷（順聖宮）を結ぶ象徴的な存在なのである。

ちなみに、買収契約を調印した2016年4月2日の夜、郭台銘はシャープ社長（当時）の髙橋興三に対しても、本人の愛用品よりもややサイズが大きいように見える関帝マフラーを贈っている。
順聖宮での取材によれば、あれも山西省から持ち帰った一品なのだという。日本人の髙橋がこの不思議なプレゼントを喜んだかはさておき、郭としては自分の宝物を贈ったつもりだったのだ。

「イノヴェイションのDNAがあるからこそ、私はシャープが大好きだ」

買収契約が成立した直後に郭はこう語り、大阪にシャープの創業者・早川徳次の記念館を設立する計画も発表した。

同じく現代の日本人にはピンときづらい話だが、「祖先の祭祀」は伝統的な中華圏(特に台湾)の宗教観では最も重視される行為だ。しかもこの行為は重い責任とリスクを伴い、仮に祭祀をおろそかにすれば、祖先の霊は鬼《グイ》という悪霊に変じて現世の人間に大いなる災いをもたらすとされている。

信心深く、血のルーツを重視する郭がこの話を知らないはずがない。彼が早川徳次の顕彰を申し出た行為は、シャープという往年の巨大王国のＤＮＡ(血のルーツ)と「祖先の祭祀」の継承を決心したことを意味していた。

少なくとも郭本人の認識としては、彼らの価値観なりの「誠意」と「責任」を、何よりも強く示す言動を取ったと考えていい。

しかし、郭台銘の「誠意」や「責任」と言っても、おそらく読者の大部分はしっくりこないことだろう。

われわれ多くの日本人の間では、郭はシャープを「翻弄」し、弱みに付け込んで安く買い叩き、「約束破り」のリストラをおこなって伝統的な日本企業の価値観を破壊する、恐ろしい侵略者であるとしか思われていないからである。

――この認識のギャップはなぜ生まれたのだろうか？

――そしてシャープと同社の従業員たちは、本当はこれからどうなっていくのか？

この問題については、章を改めて論じていくことにしよう。

第8章　シャープへの求愛

日本に広がる言い知れぬ不安感

話は2016年6月23日へと飛ぶ。

鴻海《ホンハイ》による買収契約の調印から約2カ月半後、大阪市内のオリックス劇場で開かれたシャープの株主総会（第3章参照）は、4時間超の長丁場に及んだ。会場にいた株主たちからは、シャープの業績への批判とともに、老舗の名門企業の経営権を台湾企業に譲り渡す判断を下した経営陣を非難する意見が次々と上がった。

「鴻海出資後の経営戦略が見えない」

「鴻海は約束を反故《ほご》にした前例（後述）がある。本当に出資金を払い込んでくれるのか？」

前日の6月22日、台湾で開かれた鴻海側の株主総会では、シャープ全体で7000人規模の巨大な人員削減の可能性が発表された。郭台銘《かくたいめい》が買収交渉の過程で社員の雇用の維持を「約束」したとされるにもかかわらず、買収後に大規模なリストラ実施の意向を示したことも、株主たちの鴻海不信に火をつけていた。

「テリー・ゴウさんについては、オオカミ少年みたいだと一部で報道されています。シャープが重体で、死にそうになっているときに、大事な液晶部門を鴻海に握られる形で出資契約を結んでしまった。なぜ、日本の産業革新機構（後述）からの出資を受け入れなかったんですか！」

こんな過激な発言すらも飛び出している。

もちろん、突き放した言い方をすれば、株式の購入は各自の自己責任である。問題はシャープや鴻海にあるのではなく、数年前から経営危機が常態化していた会社の株を損切りせずに持ち続けた個々の投資家の判断ミスだという考え方もできる。買収が成立した以上は、法的に問題のあるプロセスが踏まれていない限り、鴻海がシャープの未来を握ることは資本主義社会のルールとして当然の話でもある。

だが、本件はすでに、こうした理屈だけで論じられない社会的影響力を持っている。

伝統的な日本の大手メーカーが台湾企業の傘下に入るという事実は、シャープの株主や社員といった当事者だけではなく、日本の世論全体に漠然とした不安感を与えているのだ。

買収の前後、電車の中吊り広告やネットニュースのヘッドラインを飾ったメディアの見出しが、そんな感情をなにより如実に物語っている。

〝「ウチとホンハイは水と油。会社はメチャメチャになる」 シャープを買収へ「10兆円男」テリー・ゴウ会長がやる非情リストラ〟

（『FRIDAY』２０１６年2月15日号）

〝鴻海に騙された？ シャープに吹き荒れる「リストラの嵐」〟

（『週刊現代』２０１６年2月27日刊）

〝シャープ、鴻海に手玉に取られた買収劇／出資１０００億円減少でも液晶事業に賭ける〟

（『東洋経済 ONLINE』２０１６年4月10日 http://toyokeizai.net/articles/-/113123）

〝シャープを翻弄、鴻海「進駐軍」の無理難題〟
（『ダイヤモンドオンライン』２０１６年5月16日　http://diamond.jp/articles/-/91058）

いざ本文を読むとそれほど過激な内容ではないケースも多いが、メディアは見出しを通じて読者の問題意識を刺激する。見出しは多くの人々の感情の反映なのだ。

——騙す、翻弄、手玉に取る。

われわれ日本人から見たシャープの買収劇は、まさにこんな言葉に彩られている。

では、シャープを騙して翻弄したという鴻海の買収経緯は、どんなものだったのだろうか。

シャープなんか「丸ごと買うぞ！」

現在の話を論じる前に、まずは鴻海とシャープが抱える過去の因縁の事件を復習しておこう。２０１２〜１３年のことである。

当時、鴻海は液晶分野での「日台提携」「打倒サムスン」を旗印に、すでに経営危機にあったシャープへの出資を申し出た。彼らはシャープ本体の9・9％の株を取得して669億円を出資するほか、同社の赤字の元凶となっていた堺工場（当時の社名・シャープディスプレイプロダクト（SDP））を鴻海とシャープで共同経営の形に変えるという、総額1300億円規模の資本提携計画に一旦合意した。

2012年7月、まず鴻海側は郭台銘個人の投資会社SIOの名義で660億円を支払い、シャープと同率の46・5％を出資する形で堺工場の新会社「堺ディスプレイプロダクト（SDP）」の経営をスタートさせている。

だが、シャープ本体との提携計画は最終的に、翌2013年3月26日の期限までに鴻海側が出資額を支払わなかったことで白紙化された。

一度はカネを払うと言ったのに払わなかった。シャープのある株主が「約束を反故にした前例」と述べた事件である。

事実、交渉の過程で郭台銘の強引過ぎる態度は目立った。

例えば資本提携の合意成立後、郭は鴻海の株主総会で「シャープ株をさらに買い増せないか、両社はさらなる出資拡大に賛成しており、協議中だ」と勝手に発言している。シャープ側は当時の時点では、鴻海に経営への関与を許す（10％を超える株式を保有すると、経営への発言力が格段に強まる）ところまでは腹を決めていなかったため、この発言の打ち消しに頭を悩ませた。

また、郭はSDPへの出資比率の引き上げも求めてきた。シャープ側にすれば、赤字の原因となったとはいえ、自社の最新技術が詰まった堺工場を鴻海側が主導権を握る場所に変えてしまうことは、忍びない話だった。

話を勝手にどんどん進めていくように見えた郭の振る舞いは、その真意がよくわからないこともあって、シャープ側の人々に強い不安を抱かせ、交渉を慎重にさせた。

一方、郭はシャープ側の煮えきらない態度に不快感を示しはじめた。

彼はもともと感情の起伏が激しい。しかも長身で、低くドスの利いた声と父親譲りの警官気質の持ち主であることから、一度不機嫌になると周囲に並々ならぬ威圧感を発する。これらもまた、シャープ側の関係者に心情的な反発を広げていった一因だった。

〝12年5月上旬、液晶テレビ用パネルの堺工場。会議室に怒気を含んだ声が響き渡った。

「今のおたくの株価なら、うちはシャープ本体を丸ごと買収することだってできるんですよ」。その男がこうすごんでみせると、居並ぶシャープ幹部は一様にたじろいだ。

震える声を絞り出し、必死に1人の幹部がこう切り返した。「話が違うじゃないか……。あれだけ、われわれは対等なパートナーだと言っていたじゃないか。それなら、この話は無理だ」〟

〝出資の在り方などを巡る議論で、どんどん結論を急ぐ郭に対し、細かな手続きやメンツにこだわり、なかなかピッチの上がらないシャープ。「なんで物事を決めるのに、こんなにいちいち時間がかかるんだ」

郭は声を荒げた。「だったら、丸ごと買うぞ」

ある関係者がその時の様子を振り返る。「隠していた郭の本音が、思わず出てしまったのだろう」〟

（日本経済新聞社編『シャープ崩壊』日本経済新聞出版社）

シャープ側の情報をベースにした報道に接すると、郭台銘の傲慢さや荒っぽさが改めて印象付けられていく。

しかし、実のところ背後の事情を公平に見てみれば、決してシャープばかりが一方的に「翻弄」された被害者だとは言えなかった。

郭台銘を苛立たせるサラリーマン経営者たち

当時のシャープは、ちょうど提携交渉の真っただ中だった2012年4月に、第5代社長の片山幹雄から第6代社長の奥田隆司にトップが交代している。だが、リーダーシップの弱さに不安の声がささやかれていた奥田を差し置いて、創業者一族で過去の社長でもあった辻晴雄や町田勝彦、やり手として知られた前社長の片山などさまざまな実力者が口を出し、同じ日本企業の取引先にも「誰と話をすれば話が前に進むのかわからない」と困惑される状況が生まれていた。

最初に鴻海に話を持ち込んだのは、当時の会長及び社長だった町田と片山だが、両者はもともと折り合いが悪かったうえ、途中で町田が相談役に退き、片山も社長職を離れたことで実権が弱まった。だが、新社長の奥田がものごとの決定権を持っているのかも不透明であり、加えて彼と町田・片山との情報共有も十分ではなかった。社内が混乱し、意思決定には極めて時間がかかる。しかも責任者がころころ変わる。ビジネスのスピード感を重視する郭台銘でなくとも、シャープは交渉相手にとって苛立ちを覚えさせる会社だった。

だが、問題の本質はさらに深刻な部分にあった。

2012年3月に鴻海との資本提携を合意してからほぼ1カ月後、シャープは決算(2012年度3月期)で、過去最大となる3760億円の赤字を計上したのだ。結果、それまで1株500円前後だった株価は大幅に下落し、5月には390円ほどまで低迷する(その後一時持ち直したが、同年8月には180円台に落ちた)。

この決算はもとより深刻な数字が予測されていたものの、実際の赤字は想定よりも約900億円も上回った。しかも、シャープは巨額の赤字が出る予測を事前に鴻海側に知らせなかったとされるうえ、新社長の奥田は鴻海側が以前に決めた1株550円での株式買い取りにこだわる姿勢を見せた。相手に重要事項を伝えないまま「勝手に」ものごとを進めていく姿勢は、実はお互い様だったというわけだ。

だが、これは巨額のカネを出す側は「お互い様」で納得できる話ではない。

単純計算をしても、シャープ株の9・9％を取得するのに1株が550円ならば約669億円かかるが、仮に1株が390円であれば出資額は約474億円（1株180円とすれば約219億円）で済む。鴻海の立場としては、シャープ側から株価下落の原因となった巨額損失の発生についての事前説明すらなされないまま、1株550円での出資を求められるのは容認できない話だった。

もちろん、「合意は拘束する」という言葉もあるとはいえ、シャープ本体への出資主体となるのは、SDPの例のように郭個人（SIO）ではなく鴻海精密工業だ。上場企業の鴻海にとって、市価から大きく乖離したシャープ株の購入は、自社の株主の利益を大きく毀損し、株主代表訴訟のリスクにもさらされることになる。

鴻海がこれらを問題視して669億円の支払いを拒否した行為は、あながち「不誠実」とばかりは言い難い面があったのである。

——だが、それでも両社の提携交渉はしばらく続いた。

その過程で鴻海側は、シャープの最大の強みである高機能液晶パネル技術「ＩＧＺＯ」の技術の公開、フォックスコンの成都《チェンドゥー》工場で予定されていた提携計画（鴻海側の約５００億円の支払いと引き換えにしたシャープからの技術供与）の白紙撤回、取得予定株の１株あたりの価格引き下げなど、シャープの「足元を見た」要求を次々と出してきたとされる。

〝うちの足元を見たテリーの揺さぶり。より有利な条件での再契約を狙っているのではないか〟

〝リーダー不在と見た鴻海の要求は苛酷になっている〟

（前出『シャープ崩壊』）

とは、シャープ幹部や社内関係者が『日本経済新聞』の取材陣に語った談話だが、「苛酷」な要求を出される原因を作ったのは自社であることもまた確かだ。

結果、提携計画は２０１２年８月頃に事実上立ち消えになった。そのため、当初の期限だった２０１３年３月26日になっても、鴻海はシャープ本体への６６９億円の出資をおこなわなかった。

シャープ「に」騙された

ここで仮に鴻海側の立場に立つならば、提携が立ち消えた背景については以下のような主張もある。シャープの社長が奥田から髙橋興三（２０１３年６月就任）に変わった１年後になって、郭台銘は日本メディアのなかでは例外的に関係が深い『東洋経済』の取材を受け入れてこう語っているのだ。

〝（２０１２年）８月３日、私は町田（勝彦）さん、片山（幹雄）さんと東京にあるシャープのオフィスで話し合いました。彼らは会社を代表していると言いました。その場で「（１株あたりの価格は当初の５５０円ではなく）市価で９・９％を出資する」という内容で解決しているのです〟

〝しかし後になって奥田（隆司、当時の社長）さんは「町田さんは退任したのでもう関係がない」と言い、片山さんにも権限がないことがわかった。そして奥田さんは（1株あたり）550円でなければ出資させないと言い張りました〟

〝はっきり言いましょう、私はだまされました。8月3日に町田さんは550円でなくてもいいと了解したのです！ 当時の市価に照らし合わせて9・9％出資することで了解したのです。録音もしてあります。それなのに奥田さんは同意しなかった〟

（「テリー・ゴウ　すべてを語る　本誌独占インタビュー」『週刊東洋経済』2014年6月21日号）

もちろん、これは郭台銘の言い分である。

交渉ごとのトラブルに関して片方の主張が絶対的に正しいことはあり得ず、当時のシャープ側にも相応の事情はあった。例えば、仮に1株あたりの価格を市価に引き下げたうえで669億円の出資を受けるならば、シャープの筆頭株主が鴻海になり、当初は想定していなかった経営への関与を許してしまう。かといって、鴻海側の出資比率を9・9％に据え置けば、経営危機にあえぐシャープが調達できる資金は3分の1ほどに下がってしまうのだ。

だが、シャープは鴻海との提携が事実上頓挫してから1年以内に、米通信技術大手クアルコムに救援を求め、2012年12月に1株あたり164円で総額99億円の出資を受けている。また、翌年3月には1株290円で、なんと自社にとっても鴻海にとっても宿敵であったサムスンから103億円の出資を受けた。

鴻海との交渉のなかで、株価の大幅下落後も1株550円での出資にこだわり、最終的に出資の受け入れ自体を蹴ったシャープの振る舞いは、それほど明確かつ長期的な交渉戦略にもとづいたものではなかったと考えたほうが自然だろう。

仮に老舗メーカーとしてのメンツへのこだわりや、奥田と町田・片山との情報共有不足のせいで「1株550円」を機械的に言い続けただけだったとすれば、郭台銘にとってはいい面の皮である。

結果的に、2013年までの時点で鴻海からの出資はSDPへの660億円のみにとどまり、シャープ本体への出資は撤回されたが、台湾側では事情を考えればおおむね仕方のない話だと受け止められた。

もともと鴻海は、台湾国内では大して好かれていない会社なのだが、少なくともこの件については、鴻海のシャープに対する不誠実さや身勝手さを批判する台湾側の報道はほぼ皆無だ。むしろ「日本人の考えはよくわからない」「日台共同で韓国に対抗するプランが潰れて残念」といった意見が大勢を占めていた。

ただし日本側では、1300億円の出資計画に一度は同意しながら「半分しかカネを払わなかった」嘘つきの鴻海という、ネガティヴなイメージが独り歩きすることになった。

そして、このとき（特に2012年上半期）に日本の国内メディアのアーカイヴにさんざん蓄積された、シャープを一方的に「翻弄」する郭台銘と鴻海というステレオタイプな図式が、4年後の報道の論調に大きく影響していくことになる。

帰ってきた郭台銘

2016年のシャープ買収に関して、日本人（少なくともこの問題に関心がある大多数の人）の間で広く理解されている認識は以下のようなものだろう。

鴻海は2016年1月末、一時は7000億円の出資額と全従業員の雇用の確保、現経営陣の維持を約束して買収劇の主役に躍り出た。だが、いざシャープが身動きが取れなくなると、あれやこれやと難癖をつけて、最終的に3888億円で不当に安く買い叩いた。しかも相手の弱みに付け込んで、今後、鴻海側に責任がない事情で出資が実行されなかった場合は、鴻海はシャープの液晶事業部門のみを優先的に買い取れるという非常に「えげつない」条件（後述）を、最後の最後で盛り込んできた。買収後は当初の約束をすべて破って、台湾人の戴正呉《たいせいご》をシャープの社長に就け、従業員のリストラも容赦なくおこなおうとしている――。

仮にすべてこの認識にもとづいて解釈するなら、鴻海はまさに「オオカミ少年みたいな会社」と呼ぶにふさわしい。もちろん郭台銘についても「不誠実」と言わざるを得ないだろう。

だが、２０１２年の資本提携が頓挫した経緯を踏まえたうえで、今回の買収劇での鴻海側の発言や台湾メディアの報道内容をつぶさに調べてみると、事態の姿はずいぶん違った印象を見せる。

――例えばリストラについて、郭は完全に嘘をついたと言えるのだろうか？

買収交渉に本格的に名乗りを上げる前の２０１５年３月、彼は『週刊東洋経済』のインタビューを受けてこう話している。


〝最も重要なのは、従業員に明確な目標と責任を持たせるということです。収益は必ず従業員に還元しますから、目標を達成できる従業員は豊かになるでしょう。しかし達成できない人には退いていただきます〟


〝絶対にリストラしないという保証はできません。今言えるのは、高いパフォーマンスを出せない人には退いていただくということです〟

（「シャープよ、銀行よ！ 私と話をしよう」『週刊東洋経済』２０１５年3月28日号 ※傍点筆者）

もともと、郭台銘は交渉の開始以前からリストラの必要性を明確に認識していたのだ。このインタビューでは、シャープの経営陣についても明確な批判をおこなっている。

やがて鴻海は、2015年8月頃からシャープとの出資交渉のテーブルにつく。同年12月には、シャープ本体への経営への参画と引き換えに5000億円規模の出資を提案したが、この時点ではほぼ門前払いに近い扱いであった。

なぜなら、当時までのシャープの救済策は日本政府肝煎りの官民ファンド・産業革新機構を本命とする形で進められていたからだ。

この救済策は、機構からシャープへの3000億円規模の出資と、シャープに多額の融資をおこなっていた各銀行に2000億円相当の優先株を実質放棄させること（わかりやすく言えば2000億円分の徳政令だ）、さらに銀行に1500億円分のDES（債務を優先株という議決権を持たない株式に変える行為で、実質的には追加融資）を新規におこなわせることを骨子としていた。

他にも機構案では、シャープの液晶部門を切り離してジャパンディスプレイ（J

ＤＩ）と統合させることや、社長の髙橋ら経営陣の退陣要求、社員のリストラについても状況次第でおこなうという話になっていた。

シャープをバラバラにしたうえで、銀行にも事実上３５００億円の出血を強いて、さらに税金を投入する。誰に対しても痛みを伴う案だ。しかし、機構の背後にある経済産業省の意向や「技術流出」への懸念が、この案を後押しすることになった。

日本の世論も、国家を代表する家電メーカーの救済のためならばやむなしとして、おおむねこれに同意していた。

誓約書は提出しない

だが、そんな状況が鴻海にひっくり返されたのは２０１６年1月30日だ。

この日、首から関帝マフラーを下げて疾風のようにシャープ本社に乗り込んできた郭台銘は、シャープ経営陣と2時間半にわたって会合を持ち、６０００億円規模の出資を提案した。郭は「これはわれわれの資金だ。覚悟が違う」と産業革新機構案との姿勢の違いを猛烈にアピールした。

――このとき郭は、買収後の「雇用の確保」を約束したとされる。

だが、実はこの話はその気になれば疑える部分もある。

なぜなら、よく調べてみると、この時期（1月30日から郭の再来日の前日である2月4日まで）にリストラに関して郭の言葉をそのままの形で報じたメディアの記事は、日本側と台湾側とを問わずほとんど見られないからだ。

それが見られるのは、2月4日頃になってから。複数の関係者筋の伝聞として紹介された以下のような記述である。


〝台湾の大手電子機器メーカー「ホンハイ精密工業」はシャープに対して当初、6000億円を投じて買収する再建策を示していましたが、関係者によりますと、さらに最終局面で、支援額を大幅に上積みして7000億円を超える規模の提案をしたということです。（略）さらに、▽シャープの事業をそのまま残すことや▽雇用やブランドを維持すること▽いまの経営陣には退任を求めないことを盛り込んでいます〟

（「シャープを傘下にホンハイ案・事業や雇用維持機構案・経営統合の戦略」

（『ＮＨＫニュース』２０１６年２月14日　※傍点筆者）

〝鴻海は家電など液晶以外の事業を当面は売却せず、雇用を維持すると主張している模様だ〟

（「シャープ、鴻海傘下へ６０００億円超、優先交渉権　革新機構案より高評価」『朝日新聞』２０１６年２月４日夕刊　※傍点筆者）

〝鴻海はシャープ本体への出資や今後の成長投資のための資金などに総額６０００億円超を拠出する提案をしていた。事業売却はせず、「シャープ」ブランドも維持。社員の雇用も確保する方向と見られる〟

（「シャープ　鴻海が買収へ…６０００億円超拠出　最終調整」『毎日新聞』ＷＥＢ版　２０１６年２月４日　※傍点筆者）

果たして鴻海側はどういう表現を用いて雇用の維持を約束したのか。また、その内容はどこまで具体的で（例えば「原則として」という一言が入るだけで意味合いは異なってくる）、拘束性を伴うものだったのか。

ＮＨＫと朝日・毎日がそれぞれ「提案をしたということです」「主張している模様」「方向と見られる」といった表現を多用しているのも、発言内容を伝える情報ソースが限られていることや、郭の発言がややあいまいだったであろうことを思わせる。

——真実はどこにあるのか？

その答えとなり得る話が、しばらく後になり『産経新聞』によって続報されている。


〝シャープの経営再建に名乗りを上げた台湾・鴻海（ホンハイ）精密工業に対し、シャープ側が人員削減や事業の切り売りをしないよう誓約書の提出を求めていたことが13日、分かった。鴻海は提出しておらず、12日のシャープの臨時取締役会では、官民ファンド、産業革新機構との支援受け入れ交渉を継続することを確認した。

関係者によると、鴻海の郭台銘会長は1月30日にシャープ本社を訪問。6千億円超の出資に加え、人員削減や事業売却を行わないことを伝えた。シャープは今月3～4日にかけ、郭会長の発言に拘束力を持たせるために、誓約書を出すよう鴻海に求めたが、応じなかったという〟

（「シャープ、雇用維持『誓約書』鴻海に要求　革新機構と天秤」『産経WEST』WEB版　2016年2月14日）

どうやら、郭台銘が1月30日の段階で大風呂敷を広げたらしいことは事実だが、特に証拠は残していないことがわかる。また、シャープ側も客観的に証明が不可能な郭の言葉を最初から大して信じておらず、頼るに足らぬ話であることを織り込み済みで、その後に鴻海への傾斜を強める決定を下していったことが窺い知れる。

それでも日本側の視点に立てば、「ズルい」と言いたくなる話かもしれない。

しかし、発言の証拠が存在しない以上は法的な拘束性はなく、もとよりシャープ側もそれが真実ではない可能性を認識していた。加えてこの時点でのシャープは他の選択肢（産業革新機構案）を選べる権利も保持していたとなれば、これは虚々実々が入り交じる買収交渉におけるテクニックの範囲内に含まれる話だろう。

油断のならない交渉者

その後の2月5日、前日にシャープ側が鴻海案に傾いていることを知った郭台銘は、すぐさまプライベート・ジェットで大阪に急行し、6〜8時間にも及ぶ協議をおこなった。

交渉の直後、彼は取材陣に向けて「(買収の) 優先交渉権を得た」と明確に発言し、このはったりめいた「嘘」を聞いたシャープ側が慌てて火消しに回るという事件を起こしている。タフで油断のならない交渉者であることは間違いない。

ただし、今後の方針に関わる人員削減の問題については、彼はメディアを前に自身の言葉でこう話している。

〝シャープの最大の魅力は若者、若い技術者たちだ。私は3年間にわたりSDPを経営した経験から、日本の若者とは、現場のワーカーからエンジニアまで、みな学ぶに値する人々であることを知った。これが私がシャープに投資する最も主要な理由なのだ。シャープはもとより人材整理の計画を持ち、私はそれに干渉はしないのだが、将来もしも（私がシャープの）経営に参加するならば、40歳以下の従業員をクビにすることはないだろう〟

（「【鴻夏恋】保留員工　夏普向鴻海要承諾」『蘋果即時』２０１６年2月14日）

言質を取られる場においては、郭台銘の主張はブレていない。

ちなみに、ひとたび客観的な証拠が明確に記録に残った問題については、郭は前言を翻さない。例えば２０１２年にシャープとの資本提携計画が持ち上がった際、彼はＳＤＰについてこう語っている。

〝私が堺工場の株主となったことで、人員整理を心配している人が多いようです。日本では1社に長く勤め上げて、仕事人生を終える人が多いのだから当然です。約束します。堺工場では今後3年間、絶対に人員整理をしません〟

（「鴻海ＣＥＯ特別インタビュー　シャープとの提携は成功させる」『日経ビジネス』２０１２年6月18日号）

これは現在から4年前の発言だが、実際にその後のSDPでは雇用が守られ、ほぼリストラが実施されなかった。ちなみにSDPは、鴻海の傘下に入った翌年に黒字化を果たしている。

そろそろ、狡猾で奸智に長けているものの、根本的な「ルール違反」は犯さない郭台銘話法の際どいコツがつかめてきたことだろう。

際どい「郭台銘語法」

リストラに関する、郭台銘の公的な発言をもうひとつ紹介しておきたい。

2016年4月2日、シャープとの買収契約の調印後の共同記者会見で、私（＝筆者）自身が郭に「あなたはこれから従業員をどのくらい解雇なさるつもりですか？」と尋ねたときに、郭はこう返している。

「最善を尽くして、いまいる人々については全員に残ってもらえるようにしたいと考えている。若い人間の――。現在はたまたま、適切な職を与えられていない者については、もう一度チャンスを与えて、なるべく全員に残ってもらえるようにしたいと思っている」（傍点筆者）

例によって「したいと思う」と、意向と希望を二重重ねにしてあいまいに述べただけで、実際にそうするとは言っていないのだ。また、「若い人間の――」という表現がどこにかかっているのかがややあいまいだが、元からの「40歳以下の従業員をクビにしない」という彼の考えと矛盾しない発言だと考えて問題ないだろう。

少なくともリストラに関して、郭台銘の公の場での主張は、買収開始以前の2015年3月の『週刊東洋経済』のインタビューから、2016年4月2日の私の質問まで、基本的にほとんどブレていないのである。

ちなみに、鴻海とシャープが最終的に取り交わした契約書の文言には、鴻海側の義務として雇用についてこんな項目がある。

〝自然退職並びに定期的な異動及び昇給の場合を除き、当社及び当社子会社の従業員の雇用及び雇用条件の維持の原則にコミットし、必要人員や組織体制の最適化について当社の経営陣に最大限の自律性を認めることを含め、既存従業員の雇用維持のためのプランを実行すること〟（傍点筆者）

一見、雇用の維持を盛り込んだ契約が交わされたように見えるが、「原則にコミット」という不思議な言葉に逃げ道は存在している。「原則」の範囲内として容認され得る人事管理がどの程度の行動で、どのくらいの人数までなのかが明記されていない以上、ズルい話だが「なるべく原則を守った結果だ」という理屈を持ち出せば、大概の行為はフリーハンドとなる。一種の言葉のマジックであり、実質的には骨抜きの文言なのだ。

結果、その後の2016年6月、鴻海は国内外のシャープ社員の7000人規模のリストラという極めて苛酷な人事案を示唆している。

ただし、そもそも郭台銘の姿勢は買収計画の当初から変わっていない。リストラの詳細は現時点で明らかではないが、仮に日本国内の社員に40歳以下の解雇対象者がほとんどいなければ、やはり郭は自分自身が明言した言葉に対しては「嘘」はついていないという論理が成立し得る。

「えげつない」条件の提示

時計の針を2016年2月に戻そう。

20日間を通じておこなわれた協議の結果、シャープは2月25日、鴻海から4890億円の出資を受けて同社株式の66％を譲渡することを正式に発表した。だがその一方で、当時の鴻海はこのシャープの発表の内容をすぐに認めていない。

〝鴻海は25日、「シャープから鴻海をパートナーとして選択すると決議したとの通知を受け取った」との声明を発表した。そのうえで「シャープが24日朝、新たな重要文書を鴻海に提出した。精査する必要があり、双方が共通認識に達するまで契約を延期するとシャープ側に通知した」と正式契約を保留したことを明らかにした〟

〝米紙ウォール・ストリート・ジャーナル（電子版）は25日、関係筋の話として、鴻海がシャープから、総額約３５００億円の「偶発債務（訴訟や会計変更などで将来返済義務の発生する恐れがある債務）」のリストを24日に受け取ったと報じた〟

（「シャープ買収　鴻海、成長資金４８９０億円」『毎日新聞』ＷＥＢ版　２０１６年2月26日）

原因となったのは、買収契約の調印寸前にシャープ側から出された「偶発債務」のリストだった。すなわち、現在は債務として実体化していないが、今後に訴訟などが発生した場合にシャープが負いかねない債務額が、実は３５００億円分も存在していたということである。郭台銘はこの報告に激怒した。

日本側の報道では、このリストには実際は発生可能性の低いリスクも多く混じっており、鴻海側が出資金を値切るためにリスクを過大に見積もるフリをして難癖を付けてきたとする、銀行関係者の話がよく紹介される。実態はさておき、このリストの出現が鴻海側の調印を１カ月遅らせることになったのだ。

最終的に、2月末時点での予定額から1000億円以上も目減りした3888億円で買収契約が調印されたのは、4月2日のことだ。
しかも契約書には、従来にはなかった条件として以下のような一文が明記された。

〝締結する予定の株式引受契約において、当社の責めに帰すべき事由により株式引受契約が終了した場合、又は本割当予定先（鴻海）の責めに帰すべき事由によらずして平成28年10月5日までに本第三者割当増資の実行がなされない場合は、当社は、その事象の発生以降3カ月間、鴻海精密工業又はその指定する第三者に対し、当社のディスプレイ事業を会社分割、事業譲渡その他の手法により、公正な価格で購入する権利を与えること並びに鴻海精密工業又はその指定する第三者が当該権利を行使した場合、当社は株主総会の承認や第三者からの同意取得を含め、当該ディスプレイ事業の取得が実行されるよう協力する〟

すなわち、鴻海に責任が問われない状況のもとで2016年10月5日期限までに買収金額が支払われなかった場合は、鴻海はシャープの虎の子である液晶部門だけを優先的に買い取れるという、非常にえげつない条件だ。先に引用した、雇用に関する「原則にコミット」という非常にあいまいな文言の条項と比較すると、圧倒的に具体的でスキのない内容を詰め込んだ項目である。

この契約直前のドタバタと出資額の引き下げも、日本側の世論における鴻海のイメージを悪化させることにつながった。

キツネとタヌキの化かし合い

だが、郭台銘が出資契約を直前になってひっくり返し、恐るべき付帯条件を付けた背景についても、その要因に「ある事情」を考慮するか否かで印象が変わる。

すなわち、われわれの大部分が忘れていても、鴻海側は絶対に忘れていない因縁の話だ。

〝私は12年3月21日に来日し、1週間にわたりシャープと話し合い、27日に（提携合意書に）サインしました。シャープ本体に1株550円で9・9％出資するという内容で、シャープ側は私に早くサインしろと要求しました〟

〝非常に急がされたので、私たちはデューデリジェンス（事前調査）をしませんでした。1週間しかありませんでしたから。ですから私たちは、後日にデューデリをするという条件を（合意書に）加えたのです。

ところが調印後の4月になって巨額損失が明らかになり、シャープの株価は急落しました〟

（「テリー・ゴウ　すべてを語る　本誌独占インタビュー」

『週刊東洋経済』2014年6月21日号）

そう、鴻海は以前の出資交渉でも今回とそっくりな目に遭っていたのである。

2012年春、鴻海は1株あたり550円で総額669億円の出資に合意した1

カ月後に、シャープ側が鴻海への通告なく巨大損失を発表し、同社の株価が合意時点の3分の2程度になった。少なくとも鴻海の理屈で言うならば、デューデリの時間を十分に与えずに契約を急がせ、いったん話が出来上がってから事前通告なしに未知の大損失を明らかにする、しかもそれを難詰しようにも責任者が不在で話が通らない——。そんな手法こそ、シャープが毎回おこなうやり口ということになるのだ。

同じ災難に2回も遭わされることになれば、誰でも怒る。

鴻海側が買収契約を結ぶ最後の段階で「えげつない」条件を付けたことも、そもそも「シャープ側も不誠実な交渉者である」という前提を付け加えたならば、まったく違った理由が見えてくる。

鴻海がこの条件を付けたのは、買収契約の締結後にシャープのさらなる債務や損失隠しが発覚し、企業価値が3888億円どころではなく大幅に下がる可能性を懸念したことも大きかったのだ(事実、2016年4月の買収契約調印直前では1株130円だったシャープの株価は下落を続け、同年8月には、一時鴻海の買い取り額である1株88円すら下回っている)。

彼らは彼らなりに、シャープ〝から〟騙される可能性を警戒していたはずである。

（ほか、各国での独占禁止法との兼ね合いなどから予期せぬ事情で買収が不成立となる可能性もあり、鴻海はこのリスクの回避を契約に織り込んだ面もあった）。

――こうした話は、おそらく大部分の日本人には強い違和感があることだろう。

しかし、この買収案件の本質は、中華文化圏のにおいを濃厚に漂わせる台湾のナンバーワン企業の独裁的な経営者と、戦後の日本社会の象徴のような大企業のサラリーマン社長と銀行団とが正面から激突した「文明の衝突」だった。

事実、買収交渉が大詰めになった2016年3月3日号の台湾の経済誌『商業《シャンイェ》週刊《チョウカン》』の表紙の大見出しと、その下に付けられたリードにはこう書かれている。

台湾では、鴻海側（右）とシャープ側（左）の騙し合いとして、この買収劇がとらえられていた

《キツネとタヌキの戦い》
～サラリーマン社長の利己的な打算が、台湾最強の切れ者商人に地雷を踏ませ続けた。
【読めば解決】 郭台銘はなぜこんなカネ食い虫を買わなくてはならないのか？　鴻海の60万人の株主たちはこの大バクチに付き合うべきなのか？

表紙の右側にいる「キツネ」とは、もちろん郭台銘（＝フォックスコン）だ。

一方でタヌキとは、２０１２年に資本提携話を持ってきた町田勝彦と片山幹雄、その話を立ち消えさせた奥田隆司、２０１６年に偶発債務問題を持ち出した髙橋興三という、シャープの歴代経営者たちのことである。

郭台銘は言質を取られる形での嘘こそつかないが、際立って狡猾で油断がならない人物だ。だが、われわれが強い不信感と警戒心を抱いて鴻海を眺めていたのと同じように、実は台湾側でもシャープは嘘つきで不誠実だと考えられていた。

鴻海によるシャープの買収をめぐる日本国内の反応は、日本と中華圏との文化や認識のギャップによって、実態以上に禍々《まがまが》しい脚色が施された面も大きいのである。

おわりに

抜け目がなく奸智に長けているが、ルールの枠はギリギリ踏み越えない。

そのため、非常に怖い人間ではあるが、「悪人」だとは言い切れない——。


本書を書き終えて感じる、ビジネスマンとしての郭台銘《かくたいめい》の人物像である。

上司や取引相手としての彼は、間違っても絶対に近寄りたくないタイプの人間だ。

こんな相手とビジネスの交渉をする局面なんて、想像するだけでも胃が縮む。

ただし、私は学生時代に中国史を専攻していたためか、東アジア的な「皇帝」の姿には心惹かれるものがある。そういう意味では、100万人の従業員の頭上に君臨する郭の姿は、世界史の年表に載るような一種の歴史的人物として見るなら興味深い存在だと言っていい。

シャープの買収交渉で日本の保守的な大企業のおじさんたちをキリキリ舞いさせ

た交渉術も、どちらかと言えば日本的なサラリーマン社会に馴染まない気質の私としては、心のどこかで痛快な思いを覚えなくもなかった。

一方、郭が家庭では奥さんと子どもたちにメロメロだったり、仕事を離れた場では意外と不器用で生活能力が低そうな人である点は、普段のいかめしさとのギャップが大きすぎてコミカルな印象すら受ける。仮に利害関係をまったく持たない状態で、土城《トゥチェン》の順聖宮《シュンシェンゴン》で子どもとお茶を飲んでいる半袖短パン姿の彼と出会ったならば、意外と面白い部分があるおじさんだと感じるかもしれない。

トータルで言えば、私は郭という男がそれほど嫌いではない。

ただし、私は経営者としての郭台銘にはまったく好感を持っていない。

その理由は、苛烈な経営方針や狡猾過ぎる交渉術への忌避意識ももちろんある。ただ、私がそれ以上に強い違和感を覚えるのは、成功した経営者ならば大抵の人が持っているはずの、自己のビジネスの社会的な意義を示すような普遍性のある夢や理想が、彼の背中からほとんど感じ取れない点である。

例えば、かつてスティーブ・ジョブズは「テクノロジーを介して何百万人もの人の生活を変える」という理想を掲げてアップルを創業した。また、マイクロソフトのビル・ゲイツは「世界中のすべての人々とビジネスの持つ可能性を最大限に引き出すための支援をすること」を理想とした。

日本の経営者も負けてはいない。「産業人たるの本分に徹し、社会生活の改善と向上を図り、世界文化の進展に寄与せんことを期す」と述べた松下幸之助も、本田宗一郎も井深大《いぶかまさる》も稲盛和夫も、それぞれ社会全体の進歩と発展を意識した経営理念を掲げていた。近年でも、「情報革命で人々を幸せに」したい孫正義や、「インターネットを通じて人々と社会に力を与えること」を目指す三木谷浩史は、やはり夢を感じさせる経営者たちだ。

これらの「夢や理想」の実態は、建前に過ぎない部分が大きいかもしれない。だが、全人類の社会を進歩させ、楽しくて幸せな未来を実現してくれそうな言葉を発する企業や経営者は、やはり非常に魅力的だ。

一方、郭台銘はこうした面においてまったく何の魅力もない。

鴻海のホームページを確認する限り、彼の経営理念は「全範囲にコストの優位性を持つ」ことだ。さらに平素の言動から考えれば、おそらく「顧客第一」も経営理念に入るだろうか。いずれも株主や顧客にとってはありがたい話だろうが、社会全体をよりよくしようという前向きな考えは感じられず、鴻海と直接的な利害関係を持たない第三者には共感のしようがない言葉である。

ちなみに郭の名誉のために言えば、彼は決して社会貢献に無関心な人間ではなく、父母の名を冠した「永齢基金会」という財団を設けてチャリティ活動を熱心におこなっている面もある。

だが、チャリティの対象は父の故郷の山西省のインフラ建設や教育支援、曾馨瑩《そうけいえい》夫人の出身地の台湾南投《ナントウ》県の教育支援、前妻や末弟の命を奪った癌への研究活動など、天下万民の幸福を目指すというよりも、自分個人と関係が深い対象への恩返しや追悼といった形を取ることが多い（ちなみに郭は日本の東日本大震災の際になんと2億台湾元（約5億6000万円）という破格の寄付をおこなっている。日本人としてはいくら感謝を重ねても足りないのだが、こちらも日本という国が曾夫人の祖母の「実家」である点はやはり無視できないだろう）。

理念なき経営者・郭の横顔は、彼が鴻海の従業員たちに叩き込んでいる『郭台銘語録』の内容からも見て取れる。

〝私はいわゆる『成功するリーダー』が何かはわからないが、「成功しないリーダー」が何かはわかる。すなわち、部下に先んじて戦線に立たぬ者、難事にあたり他人に責任を押し付ける者、すべての人間の機嫌を取ろうとする者、朝9時から夕方5時までしか働かぬ者、賞罰が明確ではない者のことだ〟

〝成功とは最もひどい導師である。それはただ無知と臆病をもたらすのみで、次の成功に向けての経験と知恵をもたらしはしない〟

〝企業が苦境に陥る2大原因とはすなわち、顧客から遠ざかることと、従業員から遠ざかることだ〟

『郭台銘語録』はビジネスにおいて参考になる言葉で溢れており、高い実用性を持つ便利な本だ（事実、『語録』の解説本は台湾で15万部も売れた）。

しかし、郭台銘が書中で説いているのは仕事の具体的なノウハウや、企業経営の現場での判断基準ばかりであり、一連の言葉の根底に美しい理想や哲学はほとんど感じられない。

「ジョブズや松下幸之助みたいに理想を持つタイプの経営者は、よそのメーカーの注文通りにモノを作り続ける受託生産ビジネスなんて絶対にやらないよ。郭台銘さんや鴻海が普遍性のある夢や理想を持っているなら、ああいう仕事はしないはずさ」

鴻海の悪口になるためここでは名前を伏せるが、郭本人と面識があり、本書中にも登場しているある台湾人の評だ。

事実、私が取材中に誰に尋ねても「鴻海に理念なんてあるのか？」と全員が口を揃えた。第2章に登場したエリート上海人の張立命を、入社後に大きく幻滅させたのも、鴻海の企業運営に理想や哲学を見い出せない点だった。

——では、郭は何のために1日に16時間働き、自社を常に拡大させているのか？

彼自身、鴻海の株式の12・62％を握る大株主であるため、会社の業績は自分の財布に直結する問題ではある。だが、平素の郭の生活態度や言動を観察する限り、彼が自分のカネや豊かな生活を求めて働く人間だとは到底思えない。

「野心、だろうね」

先のある人物は、私の問いにそう答えた。

「鴻海は郭さんの人生そのものだ。会社を無限に拡大させること、自分がどこまでも飛び続けること自体が、彼の目標なんだよ」

世界中を飛び回り、この世の一切を腹に呑み込む——。1974年の創業以来、そんな社名を掲げる鴻海を動かすものは、この世にただひとつ。

郭の野心のみなのである。


2016年の春、この野心家はついに日本に上陸してきた。彼は強引に手に入れたシャープの経営への参画を「第2の創業」と言って憚《はばか》らず、一般消費者を顧客とした家電メーカーという未知のジャンルの大企業の舵取りに乗り出そうとしている。

〝いたずらに規模のみを追わず、誠意と独自の技術をもって広く世界の文化と福祉の向上に貢献する〟

一方、こちらはシャープの創業者・早川徳次が定めた経営理念だ。従来の鴻海のあり方とはまったく異なる思想を持つシャープと、理念を持たぬ経営者・郭台銘。彼らは今後、どのように格闘し、お互いをどこに導いていくのか。その答えは、さして遠くない未来に明らかとなる。

*

本書の執筆にあたっては、多くの人々にお世話になった。特に鴻海の組織のあり方や社内風土について貴重なご助言を下さった熊本学園大学の喬晋建教授、ご本人が従来長年の台湾取材で得られた知見や人脈を快くご教授くださったフリージャーナリストの野嶋剛氏に、ここであらためてお礼を申し上げます。普段から私の台湾取材でお手伝いいただくことの多い王凱平氏や杉野浩司氏には、今回もやはりアテンドから資料収集、一部の通訳までフル稼働でお世話になり、頭が上がらない。

また、もしかすると本人にご迷惑がかかる可能性があるので個々の名は挙げないが、取材にご協力いただいた多くの台湾人や中国人のみなさんにも感謝を。

ところで、私はかつて10年前にフォックスコンに部品を納入するメーカーで短い新社会人時代を過ごし、来日したフォックスコン社員の通訳やアテンドを務めたことがある。ごく短期間ではあるが鴻海とビジネスベースで接触し、彼らの社風を肌で感じた当時の経験は、今回の書籍執筆のなかで極めて大きく役立った。私はまったくよい社員ではなかったのだが、当時の上司や先輩・同僚たちにもこの場を借りてこっそりお礼を申し上げたい。最後に、本来は筆の遅い私を叱咤激励し、郭台銘のような猛烈なスピード感と緻密なチェックで本書を世に送り出したプレジデント社の編集者・浜根英子さん、お疲れ様でした。

読者のみなさんが台湾の社会や郭台銘を知るうえで、本書がささやかな一助となりますように。

安田峰俊

本書は、2016年8.1号「プレジデント」に掲載した「本当に怖い『鴻海テリー・ゴウ』の人たらし術」記事の内容を含んでいるが、その取材過程において知り得た情報について郭台銘氏に事実確認を申し込んだところ、フォックスコンより英文で返信が届いた。なるべく忠実に翻訳したものを下記に再掲載する。

Foxconn Techonolgy グループから申し上げること

2016年7月1日

弊社の方針により、噂や憶測に関して、コメントはいたしません。さらに、Foxconnは厳格な会社の方針として、社員・人事の詳細について、それが現在の社員であろうと退職した社員であろうと、第三者に開示することはいたしません。

しかしながら、以下のことは強調させていただきます。それは、わがグループの業務遂行において、我々は人間中心のアプローチを採用しており、また、グローバルにビジネスをするうえで、公平、平等、誠実さの原則を順守することにコミットしております。Foxconnは責任のある、フェアで、平等な機会を提示する雇用主であり、さらに実力主義の昇進と報酬体系を採用しており、従業員の成長を支援するべく前向きな労働環境を採用しております。

責任のある企業市民として、企業統治において、Foxconnは法令や規制を順守しております。企業統治に関して、我々は自らに高い水準を課し、この点に関して株主の期待に応え続けるべく、制度やベストプラクティスを実施しております。我々の堅固で高度に専門的な経営陣は、力を合わせて、こうした企業の方針を成長させ実行し、強い統治を確保し、ビジネスを俯瞰することで、弊社の持続可能な成長と継続的な成功を確保してまいります。

我々の従業員は我々の最も重要な資産であり、また、それが現在の従業員であれ過去の従業員であれ、弊社の成功に向けてなされた彼ら彼女たちの貢献を貴重だと考えております。

(翻訳=内田 暁)


なお、本書の取材過程で知り得た情報についても事実関係の確認を求めたが、指定した期日までに返信はなかった。また、郭台銘氏に取材を申し込んだが、現段階では実現していない。

プレジデント編集部

<新聞・雑誌記事等>　※主要なもののみとした
・大槻智洋「鴻海CEO 特別インタビュー　シャープとの提携は成功させる」『日経ビジネス』 2012年6月18日号
・大槻智洋「『日本人は大胆に変わる』、鴻海創業者・母の教え」『日本経済新聞』WEB版 2012年7月2日 http://www.nikkei.com/article/DGXBZO43276700S2A700C1000000/
・野嶋剛「『世界の工場』ホンハイ流中華思想」『AERA』 2012年12月24日号
・「テリー・ゴウ　すべてを語る　本誌独占インタビュー―電子の帝王　シャープとのすべてを語ろう―」『週刊東洋経済』 2014年6月21日号
・「INTERVIEW｜郭台銘／鴻海精密工業 董事長『シャープよ、銀行よ！ 私と話をしよう』」『週刊東洋経済』 2015年3月28日号
・喬晋建「鴻海買収劇　傲慢なのはシャープ側だった」『文藝春秋SPECIAL』第36号 2016年
・高口康太「シャープ買収を目指す鴻海の異才・郭台銘は『炎上王』だった」『NEWSWEEK』日本語WEB版 2016年 http://www.newsweekjapan.jp/stories/world/2016/02/post-4595.php

・徐蕾「郭台銘：我是山西人（台商故事）」『人民日報』海外版 2006年4月19日
・呉琬瑜、黄亦筠、黄恵鈴「独家専訪鴻海郭台銘　化遺憾為力量，能為人帯来幸福」『天下雑誌』572期WEB版 2015年5月12日 http://www.cw.com.tw/article/article.action?id=5067598
・蕭裔芬「六個小故事」鴻海全球人材招募網 http://recruit.foxconn.com/article_2.aspx
・特集「鴻海郭台銘的愛情与帝国」『今週刊』534期 2007年3月15日
・民間全民電視公司　民視新聞台『台灣演義：科技首富郭台銘』 2009年5月2日放送
・李翠卿「専訪曾馨瑩談7年『郭太太』生活—和覇気郭台銘的相処之道：柔才能克剛」『親子天下』WEB版 2015年8月20日 http://www.storm.mg/lifestyle/63157
・呉琬瑜、黄亦筠「郭台銘：両岸和平穏定，難道不重要嗎？」『天下雑誌』585期WEB版 2015年11月10日 http://www.cw.com.tw/article/article.action?id=5072264
・「He spent £21m on a penthouse - but turns lights off to save money: Inside the amazing world of secret billionaire Terry Gou」『DailyMail』WEB版 2010年6月26日 http://www.dailymail.co.uk/news/article-1289811/Terry-Gou-billionaire-manufacture-Apple-Dell-products-spent-21m-penthouse--turns-lights-save-money.html

主要参考文献

<書籍>

・喬晋建『覇者・鴻海の経営と戦略』ミネルヴァ書房　2016年
・近藤伸二『アジア実力派企業のカリスマ創業者』中央公論新社　中公新書ラクレ　2012年
・佐藤幸人『台湾ハイテク産業の生成と発展』岩波書店　アジア経済研究所叢書　2007年
・沼上幹+一橋MBA戦略ワークショップ『戦略分析ケースブック　Vol.3』東洋経済新報社　2013年
・張殿文（著）薛格芳（訳）黄文雄（監修）『郭台銘=テリー・ゴウの熱中経営塾』ビジネス社　2014年
〔注・本文中で登場する『郭台銘語録』の訳文は同書の訳に拠らず、原書である張殿文『解碼 郭台銘語録 超越自我的預言』から筆者が訳出した〕
・王樵一（著）永井麻生子（訳）『鴻海帝国の深層』翔泳社　2016年
・中田行彦『シャープ「企業敗戦」の深層』イースト・プレス　2016年
・日本経済新聞社（編）『シャープ崩壊　名門企業を壊したのは誰か』日本経済新聞出版社　2016年
・野嶋剛『台湾とは何か』筑摩書房　ちくま新書　2016年
・福島香織『中国絶望工場の若者たち「ポスト女工哀史」世代の夢と現実』PHP研究所　2013年
・龍應台（著）天野健太郎（訳）『台湾海峡一九四九』白水社　2012年
・鎌田慧『新装増補版　自動車絶望工場』講談社　講談社文庫　2011年
・沢木耕太郎『地の漂流者たち』文春文庫　文藝春秋　1979年
・宮崎市定『雍正帝　中国の独裁君主』中央公論新社　中公文庫　1996年

・張殿文『虎与孤 郭台銘的全球競争策略』遠見天下文化出版　2005年
・張殿文『解碼 郭台銘語録 超越自我的預言』遠見天下文化出版　2008年
・趙専正（主編）『郭台銘与故郷』山西人民出版　2015年
・許文龍（口述）林佳龍・廖錦桂（編）『零与無限大　許文龍幸福学』早安財経文化　2011年
・中国経済日報 採訪編『台湾首富郭台銘 雄踞世界的「代工之王」』好優文化　2009年

<学術論文>

・塚本隆敏「中国・外資企業における労務管理問題ー台湾系華僑企業「富士康（フォックスコン）」を事例として」『国際金融』（1216）　2010年
・金奉春「中国における台湾EMS企業の急成長の要因分析と将来予想」『龍谷ビジネスレビュー：龍谷大学大学院経営学研究科紀要』（12）　2011年
・朝元照雄「鴻海（ホンハイ）における発展の謎を探る」『交流』（865）　2013年
・朝元照雄「岐路に立つ鴻海（ホンハイ）の"勝利の方程式"：世界第1位のEMS企業の選択」『交流』（866）　2013年
・王効平「華人系企業の経営構造に対する一考察：EMSフォックスコンの事例研究を通して」『東アジアへの視点：北九州発アジア情報』（26-1）　2015年

野心
郭台銘伝

2016年10月3日　第1刷発行

著者　安田峰俊
発行者　長坂嘉昭
発行所　株式会社プレジデント社
〒102・8641
東京都千代田区平河町2・16・1
平河町森タワー13階
http://www.president.co.jp/
http://presidentstore.jp/

編集協力　大高志帆　千川美奈子
協力　内田暁
編集　浜根英子
販売　高橋徹　川井田美景　森田巌　遠藤真知子
　　　塩島廣貴　末吉秀樹
装丁　ニルソンデザイン事務所
カバー撮影　熊谷武二
制作　田原英明
印刷・製本　東洋美術印刷株式会社

ISBN 978-4-8334-5104-8
Printed in Japan
落丁・乱丁本はおとりかえいたします。

安田峰俊

1982年滋賀県生まれ。ルポライター、多摩大学経営情報学部非常勤講師。立命館大学文学部（東洋史学専攻）卒業後、広島大学大学院文学研究科修士課程修了。在学中、中国広東省の深圳大学に交換留学。一般企業勤務を経た後、著述業に。アジア、特に中華圏の社会・政治・文化事情について、雑誌記事や書籍の執筆を行っている。著書に『和僑』『境界の民』（角川書店）、『「暗黒・中国」からの脱出』（文春新書）の編訳など。